Grundlinien durchgreifender Justizreform.

Betrachtungen und Vorschläge
unter Verwertung englisch-schottischer Rechtsgedanken.

Von

Dr. Franz Adickes,
Oberbürgermeister in Frankfurt am Main,
Mitglied des Herrenhauses.

Berlin 1906.
J. Guttentag, Verlagsbuchhandlung,
G. m. b. H.

Vorwort.

Die Gedanken und Vorschläge, welche ich in der Sitzung des Preußischen Herrenhauses vom 30. März d. J. bei der Beratung des Justizetats über die Ziele und Voraussetzungen einer durchgreifenden Justizreform entwickelte und welche zu meiner Freude ein lebhaftes Echo gefunden haben, sind das Ergebnis langjähriger Beobachtungen und Erfahrungen. In den Traditionen des kleinen hannoverschen Beamtenstaates und in dem Glauben an die Vortrefflichkeit und Überlegenheit seiner gerichtlichen Institutionen aufgewachsen, habe ich mich nur mit innerem Widerstreben und sehr allmählig zu der Überzeugung durchgerungen, daß jene von mir so bewunderten hannoverschen Einrichtungen bei ihrer Übertragung auf die großen Verhältnisse des Deutschen Reiches sich als durchaus unzulänglich erwiesen haben. Die Ursachen dieser Unzulänglichkeit traten mir gleichfalls erst nach und nach in greifbarer Bestimmtheit gegenüber, und zwar wurde die Erkenntnis in entscheidender Weise gefördert, als sich mir Gelegenheit bot, das mir aus den Gneist'schen Werken im allgemeinen wohl bekannte Bild der englischen Rechtspflege auf englischem Boden durch Unterhaltungen mit gelehrten und ungelehrten Richtern, Anwälten und anderen im öffentlichen oder geschäftlichen Leben stehenden Persönlichkeiten, sowie durch Einblick in gerichtliche Verhandlungen und die Ziffern der Justizstatistik mit Leben zu erfüllen.

Leider war es mir nicht vergönnt, in längerem Aufenthalt tiefer in das nach allen Seiten hin so interessante und originelle englische und das in wichtigen Beziehungen anders geartete schottische Recht einzudringen, und ich muß es daher andern überlassen, das in folgendem über diese Rechtssysteme Gesagte weiter und besser auszuführen, tiefer zu erfassen und voraussichtlich vielfach zu berichtigen.

Für das, was ich hinsichtlich der Ziele und Voraussetzungen einer wirklichen und ernsthaften Justizreform und namentlich hinsichtlich der Vorbedingungen wirksamer richterlicher Autorität zu sagen hatte, genügte die von mir erworbene, wenn auch noch so fragmentarische Kenntnis der englisch-schottischen Einrichtungen. Jedenfalls glaubte ich im Hinblick auf die drängende Not des Tages nicht länger warten zu dürfen, bis etwa ein Kundigerer das Wort ergriffe.

Der Gedanke, englische Einrichtungen, deren Mängel ich keineswegs verkenne, einfach übertragen zu wollen, liegt mir ebenso fern als die Neigung, allem Englischen ein Loblied zu singen, und mit Stolz habe ich in meinem Dresdener Vortrag über „Die sozialen Aufgaben der Städte“ (1903, S. 60, 68) die deutsche Städteverfassung als die unsern Verhältnissen am besten angepaßte Verfassungsform bezeichnet und gemahnt, „kritischer als es oft geschieht, bei Betrachtung ausländischer, namentlich englischer Vorbilder, die im Ausland vorhandenen, bei uns fehlenden besonderen Grundlagen, die im Recht, im Volkscharakter und in gesellschaftlichen Zuständen liegenden Traditionen und Schranken und die dadurch gegebenen Grenzen einer Übertragbarkeit fremder Einrichtungen festzustellen und das unsern besondern deutschen Verhältnissen Entsprechende mit Eifer und Nachdruck zu erforschen und anzustreben“.

In dem gleichen Sinne sind die folgenden Blätter geschrieben. Sie fordern nirgends einen Bruch mit der Vergangenheit, sondern eine allmälige Weiterentwicklung auf den vorhandenen Grundlagen, allerdings unter Aufstellung neuer Ziele und neuer Ideale. Allein auch diese sind nicht willkürlich, etwa aus der Betrachtung fremder Verhältnisse heraus aufgestellt, sondern nach meiner Überzeugung mit innerer Notwendigkeit aus der gewaltigen Entwicklung unserer wirtschaftlichen und sozialen Verhältnisse von selbst herausgewachsen. Wir leben in vielen Beziehungen in Übergangszuständen, insbesondere hängen die kleinstaatlichen Eierschalen unserm politischen Leben noch überall an: wie könnte da die Justiz eine Ausnahme machen? Die Jahrhunderte alten Gewöhnungen des schriftlichen Verfahrens und des Inquisitionsprozesses, die Instanzenhäufung und das riesige richterliche Beamtenheer, Vielregiererei und Bureaukratie: alles dies ist noch keineswegs überwunden oder den Anforderungen der Gegenwart entsprechend umgeformt. Vielmehr gibt es hier noch Arbeit in Hülle und Fülle, und die englisch-schottischen Rechtsgedanken und Erfahrungen werden, mit kritischer Sorgfalt verwertet, vor allem geeignet sein, diese Arbeit zu fördern und zu erleichtern.

In meiner Herrenhausrede hatte ich auszuführen versucht, daß die außerordentlich große Zahl der Richter und deren unausgesetzte Vermehrung eine Verschlechterung der Qualität mit Notwendigkeit bedinge, und daß in der nach den Regeln der Beamtenhierarchie und in den Formen einer ausgebildeten Beamtenkarriere erfolgenden Besetzung der höheren Gerichte der tiefste Grund für die Weltfremdheit, d. h. die mangelnde Vertrautheit der Richter mit dem wirklichen Leben und den wirtschaftlichen und sozialen Vorgängen zu suchen sei. Die jetzigen Einrichtungen seien noch Überbleibsel aus kleinstaatlicher Zeit, aus den Tagen des Beamtenstaates: jetzt gelte es, von großen nationalen Gesichtspunkten ausgehend neue, dem hochgesteigerten Erwerbsleben entsprechende und den veränderten sozialen Anschauungen angepaßte Organisationen zu schaffen. Meine Forderungen waren daher: Energische Entlastung der Richter von Schreibwerk und untergeordneter Arbeit, unter wesentlicher Vereinfachung des Verfahrens, sowie des Akten- und Bureauwesens, sparsame Verwendung der kostbaren richterlichen Kraft und deshalb Einzelrichter in allen ersten Instanzen und kleine Kollegien in den höheren, Beseitigung der Beamtenkarriere für die höheren Richter und Wahl derselben aus hervorragenden Anwälten und anderen durchaus erfahrenen und bewährten Personen, Ausgestaltung der amtsrichterlichen Laufbahn durch Differenzierung der Stellen und Schaffung von Amtsgerichts-Direktoren und -Präsidenten, Verlegung des Schwerpunktes in die ersten Instanzen unter möglichster Einschränkung der Anrufung höherer Gerichte, endlich Besetzung der oberen Gerichte mit einer kleinen Zahl hochgestellter und vorzüglich geeigneter Richter. Da aber diese Forderungen in ihrer Gesamtheit zunächst selbstverständlich nur Zielpunkte und Ideale sein können, so wurden von mir zugleich Mittel und Wege angegeben, um wenigstens der weiteren Richtervermehrung alsbald entgegenzutreten und die großen Reformen schrittweise vorzubereiten. Zu diesem Zwecke hatte ich vorgeschlagen, zunächst die Gerichtsorganisation in den großen Städten, in denen die Übelstände am fühlbarsten hervortreten, den obigen Reformgedanken entsprechend umzugestalten, insbesondere alsbald die amtsgerichtliche Zuständigkeit zu erhöhen und die landgerichtlichen Zivilkammern durch Einzelrichter zu ersetzen.

In der Tat, ein kühnes, fast revolutionär scheinendes Programm! Aber nur große und einschneidende Maßregeln können uns geben, was uns auf das dringendste not tut: eine zugleich autoritative und mitten im Leben stehende Justiz!

In dem Rahmen einer Etatsrede konnten natürlich die eben skizzierten Gedanken nur kurz angedeutet und namentlich auch die gegensätzlichen englisch-schottischen Verhältnisse nur mit wenigen Strichen charakterisiert werden. Die nachfolgenden Aufsätze sollen die nähere Begründung liefern und auf der Grundlage einer Schilderung der englisch-schottischen Einrichtungen und einer vergleichenden Betrachtung der Ergebnisse deutscher und englisch-schottischer Rechtspflege die maßgebenden Gesichtspunkte für die Gestaltung und Durchführung der von mir aufgestellten Reformgedanken klarzulegen versuchen.

Juristisch-technische Erörterungen sind ausgeschlossen: denn es kann sich zunächst nur um die Feststellung der Grundlagen und die Aufrichtung der Ziele handeln, welche demnächst für die juristisch-technische Arbeit maßgebend sein sollen. Die nachfolgenden Blätter wenden sich daher auch keineswegs nur an Richter und Anwälte, vielmehr möchte ich diesen Aufruf zu durchgreifender Justizreform an alle richten, die im öffentlichen Leben stehen und mit mir der Meinung sind, daß eine starke, vom Vertrauen des Volkes getragene Rechtspflege eins der höchsten nationalen Güter ist.

Vorwürfe gegen den deutschen Richterstand oder den einzelnen Richter liegen mir völlig fern, und ich habe im Herrenhause ausdrücklich erklärt, daß der deutsche Richter unter den schwierigsten Verhältnissen alles getan und geleistet hat, was bei der jetzigen Organisation irgend nur verlangt werden konnte, und daß ihm deswegen höchstes Lob gebühre. Alle meine Angriffe gelten lediglich der verfehlten, den Richter selbst lähmenden und herabdrückenden Organisation, und alle meine Wünsche und Bemühungen richten sich nur darauf, die richterliche Tätigkeit und Stellung von subalterner Arbeitslast loszulösen und sie zu einer höheren und freieren zu gestalten, und zwar sowohl an den eigentlich Recht sprechenden oberen Gerichten als an den zwar viel gepriesenen, aber bislang nicht ihren hohen Aufgaben entsprechend behandelten Amtsgerichten! (Vgl. Anhang I.) —

Ob die Gewöhnung, das Hängen am Hergebrachten, das Schwergewicht der mit den bestehenden Organisationen verwachsenen Interessen stark genug sein werden, die wirklich durchgreifende Reformarbeit unmöglich zu machen?

Ich habe eine bessere Zuversicht zu der aufwärts strebenden Entwickelung unseres Volkes, das auch für die Rechtspflege die dieser Entwickelung entsprechenden Formen zu finden wissen wird. Einstweilen aber getröste ich mich des Properzischen Spruches:

audacia certe
Laus erit: in magnis et voluisse sat est.

Palmsonntag 1906.

Inhaltsverzeichnis.

Seite

I.

Einleitung.

Der stolze Bau, welcher durch das Gerichtsverfassungs gesetz vom 27. Januar 1877 und die Zivil- und Strafprozeßordnungen vom 30. Januar und 1. Februar 1877 errichtet worden ist und der deutschen Rechtspflege eine sichere und würdige Heimstätte gewähren sollte, zeigt schon seit geraumer Frist bedenkliche und gefährliche Risse und Spalten. Auch hat man bereits zu Anbauten für Sondergerichte schreiten müssen, welche die mit Mühen erstrebte architektonische Einheit wieder zerstören.

Die für das Reichsgericht bestimmten Bauteile haben beim Gebrauch eine so geringe Tragfähigkeit bewiesen, daß man vor kurzem durch eine, dem Reichstag nur durch den Nachweis des sonst drohenden Zusammenbruches abgerungene, mit Reichsgesetz vom 5. Juni 1905 eingeführte Sperrmaßregel — die Erhöhung der Revisionssumme von 1500 Mark auf 2500 Mark und eine Reihe von anderen Bestimmungen — den Eintritt in den Schutzbezirk des höchsten Gerichts wesentlich einschränken mußte.

Die für das Zivilprozeßverfahren bestimmten Gänge und Räume haben sich bei der Benutzung als so unübersichtlich und dunkel herausgestellt, daß die Parteien vortrefflich darin Versteck spielen können, so daß der Reichstag schon wiederholt einen gründlichen, für raschere und energischere Justiz geeigneten Umbau verlangt und eine Sachverständigen-Kommission schon 1896, freilich ergebnislos, hierüber verhandelt hat. — Noch schlimmer steht es um den der Strafrechtspflege angewiesenen Flügel. Indessen haben die Vorschläge, welche eine aus höheren Justizbeamten, Richtern, Rechtsanwälten, Professoren und

Reichstagsabgeordneten gebildete Kommission nach mehrjähriger Arbeit nunmehr zur Beseitigung der im Reichstage immer wieder geltend gemachten Mängel gemacht hat,[1]) nur mäßigen Beifall gefunden.

Doch nicht der Bau allein wird mit herben Klagen und Kritiken überschüttet. Kaum mindere Vorwürfe richten sich gegen diejenigen, die ihres hohen richterlichen Amtes in seinen Räumen zu walten haben.

Die Anklage, daß die gesamte Rechtspflege, bewußt oder unbewußt, nur im Interesse der besitzenden Klasse gehandhabt werde, wird freilich von vornherein dadurch verdächtig, daß sie von der Partei erhoben wird, die alle Einrichtungen des bestehenden Staates als vom Interesse der herrschenden Klasse geschaffen und beeinflußt hinzustellen sucht. Allein weite, vom Klassenkampf und seiner Theorie unbeeinflußte Kreise erheben doch auch ihrerseits lebhafte Beschwerde darüber, daß unser Berufsrichtertum zu wenig Fühlung mit dem wirtschaftlichen und sozialen Leben und zu wenig Verständnis für die verwickelten Vorgänge, die psychologischen Grundlagen und die treibenden Anschauungen der Gegenwart besitze. Es kommt hinzu, daß gleichzeitig starke und gefährliche Mächte an der Autorität unserer Gerichte rütteln. Unser altes nationales Übel ungezügelter, nur allzu selten mit Schaffenskraft und Schaffensfreude verbundener Kritik muß in einer Zeit ungeheurer religiöser, sozialer und wirtschaftlicher Gegensätze, leidenschaftlicher Parteikämpfe und starker pessimistischer Strömungen naturgemäß in dem Verhalten zu den Sprüchen unserer Gerichte um so mehr hervorbrechen, als keine alte und befestigte nationale Tradition die Gerichte mit ererbter Majestät und Unnahbarkeit umgibt. Unter diesen Umständen drängt sich dem ernsten Betrachter immer wieder die bange Frage auf, ob denn in der Tat alles geschehen ist, was geschehen konnte, um unseren Richtern Autorität, Kraft und Würde zu verleihen,

---

[1]) Protokolle der Kommission für die Reform des Strafprozesses. 2 Bde. Berlin. J. Guttentag. 1905.

und ob nicht vielleicht in unserem System selbst, in dem System eines in sich abgeschlossenen richterlichen Beamtentums die tiefsten Ursachen seiner Unzulänglichkeit gegenüber den Anforderungen des heutigen Lebens liegen.

Unsere Richter, und gerade die besten unter ihnen, empfinden das Unbefriedigende der gegenwärtigen Zustände auf das Peinlichste. Sie beklagen vor allem, daß die bestehenden Einrichtungen dem Einzelnen trotz der sehr starken, freilich nie genügenden Vermehrung der Richterzahl eine solche Arbeitslast, auch an untergeordneter Arbeit, aufbürden, daß die Gefahren einer rein mechanischen, fabrikmäßigen Erledigung der Geschäfte bereits hervortreten und die Möglichkeit wissenschaftlicher Fortbildung schwer beeinträchtigt wird. Auch wird, namentlich in Preußen, die Stellung des Richters innerhalb des Beamtenorganismus, insbesondere gegenüber den Beamten der inneren Verwaltung, stark bemängelt, und im Hause der Abgeordneten erneuern sich immer wieder die von der Staatsregierung anhaltend als unbegründet bekämpften Versuche, eine Gleichstellung beider Beamtenkreise in bezug auf Rang und Gehalt herbeizuführen.

Das harte Wort von einer stark fortschreitenden Subalternisierung unseres Richtertums, welches vor einigen Jahren Erwin Kruse in einer mit leidenschaftlichem Ungestüm geschriebenen Flugschrift[1]) ausgesprochen hat, ist gewiß Unzähligen aus der Seele gesprochen. Aber sein Aufruf zu durchgreifenden Reformen hat kein Echo gefunden, und sein Wort ist anscheinend wirkungslos verhallt.

Und doch ist schon die Möglichkeit, daß die Stellung, das Ansehen und die Autorität unserer Gerichte gefährdet sein könnte von so ernster Bedeutung, daß niemand, der sein Volk lieb hat, diese Erschütterung einer der fundamentalsten staatlichen Institutionen ansehen dürfte, ohne nach Hilfe zu schreien und zu seinem Teile zur Mitarbeit bereit zu sein.

---

[1]) Richteramt und Advokatur. Ein Mahnwort. Leipzig. 1897.

In Wirklichkeit liegen die Verhältnisse nach vollgültigen Zeugnissen schon weit schlimmer. F. Vierhaus — damals vortragender Rat im preußischen Justizministerium, jetz Präsident des Oberlandesgerichts in Breslau — sagt 1903:[1])

„Leider lehrt eine objektive Betrachtung, ein Blick in die Tagespresse und in die stenographischen Berichte über parlamentarische Verhandlungen, daß das Vertrauen in die Rechtspflege, der Stolz auf die Gerichte in starkem Niedergange begriffen sind. Mag die Tadelsucht des Zeitalters auch an solchen Äußerungen der Unzufriedenheit ihr gutes Teil haben, objektiv ist die Tatsache nicht zu leugnen." Und die Mitglieder der Strafprozeßkommission erklären übereinstimmend, daß die Justiz mehr als bisher von dem Vertrauen der Bevölkerung getragen sein müsse, und setzen mit Recht hinzu, daß das Vertrauen des Volkes zur Gerechtigkeit und Unabhängigkeit der Gerichte beinahe ebenso wichtig sei, wie diese Unabhängigkeit selbst.[2])

Stehen nun die bisherigen Reformvorschläge auf einer Warte, die hoch genug ist, um eine so Gefahr drohende Lage zu überschauen und zu beherrschen? Ich kann die Besorgnis nicht bannen, daß sie zu Erfolgen nicht führen können.

Sie leiden m. E. vor allem daran, daß sie Symptome und Ursachen der unleugbaren Übelstände verwechseln. Wenn der preußische Justizminister meinte, daß eine ihm eingeräumte Freiheit in der Auswahl der Gerichtsassessoren die Stellung und das Ansehen der Justiz heben würde, oder wenn andere in der finanziellen und hierarchischen Gleichstellung der richterlichen und Regierungsbeamten das Heilmittel sehen, so bleiben sie auf der Oberfläche haften und dringen nicht zu der entscheidenden Frage durch, ob nicht etwa gerade in der jetzigen Beamtenstellung, d. h. der Einordnung des gesamten Richterpersonales in den allgemeinen staatlichen Beamtenschematismus und in dem

[1]) In der Festgabe der Juristischen Gesellschaft zu Berlin zum 50jährigen Dienstjubiläum von Dr. R. Koch. 1903. S. 68.

[2]) Protokolle. Bd. I, S. 885, 887.

fast ausschließlichen Ersatz aus den Reihen der Assessoren ein erheblicher Teil der Übelstände begründet ist.

Allerdings ist der Justizminister nicht gehindert, auch jetzt Anwälte zu Richtern zu ernennen. Aber tatsächlich ist ihm die Ausübung dieses Rechtes unmöglich. Denn für die gewöhnlichen Amts- und Landrichterstellen findet er keine tüchtigen Anwälte, und eine Besetzung höherer Stellen durch ältere Anwälte würde, wenn sie öfter erfolgte, eine ebensolche Unzufriedenheit erzeugen, als wenn etwa Offiziere zu höheren Postbeamten ernannt werden.

Tatsächlich rekrutieren sich also die Richter lediglich aus den Assessoren und erscheinen infolgedessen als ein in sich geschlossener Beamtenorganismus.

Ich finde nicht, daß man sich bislang die Konsequenzen dieses Zustandes genügend klar gemacht hat, obwohl es doch einer der bekanntesten und trivialsten Erfahrungssätze ist, daß in letzter Linie die menschlichen Persönlichkeiten für den Gang aller Dinge entscheidend sind.

Auch die Strafprozeß-Kommission hat — soviel Gutes und Beherzigenswertes sie auch gebracht haben mag — jene weitgreifende Frage gar nicht erörtert und anscheinend gar nicht als Frage erkannt.

Mir ist es dagegen nicht zweifelhaft und mit jedem weiteren Jahre sorgenvoller Beobachtung zu einer immer mehr gefesteten Überzeugung geworden, daß jene Frage zu bejahen ist, und daß fast alle anderen Fragen, mögen sie sich nun auf die Organisation der Gerichte oder das gerichtliche Verfahren beziehen, einen ganz anderen Inhalt und eine andere Bedeutung erlangen, wenn erst einmal die Erkenntnis durchgedrungen sein wird, daß unser jetziges, aus dem alten Beamtenstaat übernommenes System der Richterwahl unhaltbar geworden ist.

Diese zunächst so fremd und überraschend anmutende Erkenntnis zu fördern und zugleich die Vorbedingungen nachzuweisen, von deren Erfüllung der Übergang zu einem anderen, den heutigen Anforderungen entsprechenderen System abhängt, ist der Hauptzweck dieser Aufsätze, zu deren Veröffentlichung ich mich erst nach langem Zögern und nur, um in schwerer öffentlicher Gefahr meiner Bürgerpflicht zu genügen, entschlossen habe.

Wer in dieser Angelegenheit zugleich die Fachkreise zu überzeugen und die Laien aufzurütteln versuchen will, der sollte mitten in den Erfahrungen der Praxis stehen und die speziell technischen Gesichtspunkte so gut wie die allgemeinen beherrschen. Ich kann nur von den Erfahrungen ausgehen, die ich in meiner amtlichen Stellung als Rechtsuchender gemacht habe und muß es mir gefallen lassen, wenn mir mangelnde Kenntnis der Prozeßordnungen und anderer technisch bedeutsamer Dinge vorgeworfen wird. Aber wenn die in erster Linie Berufenen schweigen, werden auch ferner Stehende das Wort ergreifen und sich dabei der Hoffnung hingeben dürfen, daß vielleicht auch dieses Mal von dem entfernteren Standpunkte aus die großen Linien und die charakteristischen Züge des Gegenstandes der Betrachtung um so schärfer erkennbar werden. Vielleicht darf aber auch noch ein anderes geltend gemacht werden: Es handelt sich hier nicht nur um die Kenntnis des komplizierten Prozeßmechanismus, sondern vor allem um Auswahl, Stellung und Verwendung des richterlichen Personales, und an Lösung dieser organisatorischen Aufgabe hat auch wohl ein Mann der Verwaltung das Recht sich zu beteiligen.

Wenn ich nun im folgenden die Mängel der bestehenden Einrichtungen scharf zu beleuchten und ihre Unzulänglichkeit mit lebhaften Worten nachzuweisen versuche, so fürchte ich nicht, daß hierin eine anmaßende Verurteilung der hervorragenden Männer gefunden werden kann, welche das Werk von 1877 geschaffen haben. Denn ihre Aufgabe konnte keine andere sein, als mit den vorhandenen Bausteinen und der damals üblichen Technik die vielfach verschiedenen einzelstaatlichen Gerichtsverfassungen und Prozeßordnungen zu einem neuen einheitlichen Bau umzugestalten; und allen diesen Verfassungen — abgesehen nur von denen der hanseatischen Stadtstaaten — war vor allem gerade das gemeinsam, daß der Richterstand lediglich einen Teil des allgemeinen Staatsbeamtentums bildete. In den Traditionen des alten, meist räumlich engbegrenzten Beamtenstaates aufgewachsen, konnten jene Männer um so weniger nach einer neuen Grundlegung suchen, als auch von der Bevölkerung und ihrer Vertretung neue Ideale und neue Ziele nicht aufgestellt oder gefordert wurden.

Heute aber ist die Sachlage durchaus verändert: unsere gewaltige industrielle Entwickelung und die Fülle weltwirtschaftlicher Beziehungen hat die alten in kleinstaatlicher Enge erwachsenen Gewöhnungen und die aus dem deutschen Beamtenstaat stammenden Anschauungen mehr und mehr zerstört oder umgeformt, und nachdem unsere innere Verwaltung in den letzten Jahrzehnten wesentliche Umwandlungen erfahren hat, gilt es jetzt, unser Richtertum den Anforderungen der Gegenwart entsprechend von Grund aus umzugestalten.

Mit treffenden Worten hat der Staatssekretär des Reichsjustizamts, Dr. Nieberding, in der Reichstagssitzung vom 3. Mai 1898[1]) in Verteidigung der die Revisionssumme in Zivilsachen erhöhenden Vorlage die gegen früher völlig veränderte Sachlage dahin charakterisiert, daß wir „auf den Gebieten der Zivilrechtspflege bis zum heutigen Tage eigentlich noch ein kleinstaatliches Leben geführt" haben. Das bisherige Recht der partikularen Gemeinschaften sei ohne wirkliche nationale Bedeutung gewesen. Jetzt aber gelte es, von nationalen Gesichtspunkten auszugehen und neue Bahnen einzuschlagen.

In der Tat, die Aufgaben der Gegenwart in bezug auf Justizreform sind hiermit kurz und treffend und nicht nur für die Zivilrechtspflege bezeichnet. Die Gesetze von 1877 bilden ebenso wie das Strafgesetzbuch und das Bürgerliche Gesetzbuch nur Stufen auf dem langen und mühseligen Gange unserer Rechtsentwickelung. Nachdem das neue deutsche Reich sich ein Menschenalter hindurch mächtig entwickelt hat, ist nunmehr, auch auf dem Gebiete der Gerichtsverfassung und der Rechtsverfolgung alles das auszuscheiden, was unseren Einrichtungen noch aus den Tagen

---

[1]) Stenogr. Berichte 1897/8, Bd. III, S. 2124.

der Kleinstaaterei her anhängt und unseren heutigen Bedürfnissen nicht mehr gerecht wird; und nachdem der Fremdkörper des römischen Rechtes nach Aneignung seiner bleibend wertvollen Elemente endlich wieder ausgeschieden wurde, ist nunmehr die Zeit gekommen, auch für die Anwendung des neugeschaffenen nationalen Rechtes Richterstühle zu begründen, von denen Rechtssprüche ausgehen, die den alten unheilvollen, durch die Rezeption des römischen Rechtes begründeten und noch keineswegs beseitigten Gegensatz von Juristenrecht und Volksrecht für immer begraben.

Wir dürfen ja nicht vergessen, daß im Vergleich mit anderen glücklicheren Ländern dem deutschen Richter bisher keine günstigen Sterne geleuchtet haben und er die Stellung, die ihm gebührt und die er in den anderen Ländern seit langem besitzt, hier erst — und zwar vor allem auch durch seine Leistungen — sich selber erringen muß. Dies kann ihm aber nur gelingen, wenn die Voraussetzungen einer solchen Stellung in Gerichtsverfassung und Verfahren gegeben sind. Und so ist es jetzt eine Aufgabe allerersten Ranges, die Grundlagen zu schaffen, auf denen ein zugleich autoritatives und vom Vertrauen des Volkes getragenes Richtertum sich entwickeln kann. Zur Lösung dieser Aufgabe genügen aber nicht die übliche logische Schulung und die Beherrschung der bisherigen, aus kleinstaatlichen Tagen stammenden richterlichen Arbeitsweise, vielmehr ist vor allem organisatorisches Geschick und ein scharfer Blick für das wesentliche der Dinge erforderlich, zugleich auch jenes bisher in Deutschland leider noch so seltene Verständnis für die wirtschaftliche Seite der Institutionen und die Notwendigkeit sparsamer Verwendung richterlicher Kraft und endlich eine zielbewußte Energie, welche in dem Bewußtsein, daß man nicht das Verschiedenste und Widersprechendste zugleich tun kann, die Entschlußfähigkeit hat, kleine Gesichtspunkte größeren unterzuordnen und minder Wichtiges den Dingen von entscheidender Bedeutung zu opfern.

In wie geringem Umfange diese Voraussetzungen gedeihlicher Reformen leider bislang vorhanden sind, wird zunächst ein Rückblick auf die Verhandlungen über die Entlastung des Reichsgerichtes zeigen, deren Ergebnis eine kümmerliche Fristung seiner Existenz für eine kurze Reihe von Jahren und die Erkenntnis gewesen ist, daß die dauernde Arbeitsfähigkeit des höchsten Gerichtshofes erst im Zusammenhang mit den geplanten Reformen der gesamten Prozeßgesetze, auf einem augenblicklich freilich noch unbekannten Wege sichergestellt werden kann. Die folgenden Abschnitte sollen alsdann nachzuweisen versuchen, daß in Deutschland eine unerhörte Vergeudung richterlicher Kräfte getrieben wird und alle Reformversuche vergeblich sein werden, solange nicht diese Quelle alles Übels erkannt und eine ganz außerordentlich große Verminderung der Richterzahl durch wesentliche Umgestaltung des Gerichtsverfahrens und der Gerichtsverfassung durchgeführt sein wird.

Als wichtigstes Ergebnis dieser Untersuchungen aber wird, so hoffe ich, die Erkenntnis durchbrechen, daß die höchsten Güter nationalen Rechtslebens in Frage sind; und sie wird dann auch stark genug sein, um die ferneren Erörterungen aus den Niederungen praktischer Einzelerwägungen auf die Höhen hinaufzuführen, auf denen die Kämpfe um die großen nationalen Güter ausgekämpft werden.

II.

Die bisherigen vergeblichen Bemühungen um die dauernde Arbeitsfähigkeit des Reichsgerichts.

Nur selten gelingt es einer starken und glücklichen Hand, Einrichtungen zu schaffen, welche zugleich fest und elastisch genug sind, um Jahrhunderte hindurch die wechselnden Bedürfnisse zu befriedigen. Die gesetzlichen Bestimmungen, auf denen die Wirksamkeit des Reichsgerichts beruht, gehören nicht zu diesen Ausnahmen. Denn längst vor Ablauf des zweiten Jahrzehnts seiner Tätigkeit stand es schon fest, daß die bisherige Entwickelung — wenn ihr nicht Einhalt getan würde — zur Zerrüttung des Reichsgerichts führen müßte. In voller Übereinstimmung mit der Auffassung des Reichsgerichtspräsidenten führte der Staatssekretär des Reichsjustizamtes Dr. Nieberding in der Reichstagssitzung vom 12. Januar 1898 (Verh. I, S. 388) aus:

„Meine Herren, das Reichsgericht arbeitet in Zivilsachen mit sechs Senaten und mit rund fünfzig Richtern; mit diesem großen Apparat ist es jetzt an der Grenze seiner Leistungsfähigkeit angelangt. Die Richter sind überlastet, kaum noch imstande, nur mit äußerster Anstrengung ihrer Kräfte imstande die Zeit zu gewinnen, um neben ihrer amtlichen Tätigkeit den wissenschaftlichen Studien sich zu widmen, die nötig sind, um die Stelle eines Reichsrichters mit Würde und Erfolg zu bekleiden. Die Senate leiden an einem Übermaß von Sachen, das allmählich den Eindruck der Verschleppung annehmen muß. Untereinander stehen die Senate nur in einem lockeren Verbande; sie haben keine Zeit, miteinander Fühlung zu suchen in Meinungsverschiedenheiten, und wenn sie diese Fühlung suchen wollten auf dem Wege, den das Gesetz angibt, auf dem

Wege der Plenarversammlungen, dann sagt sich jeder, der Weg ist für uns eigentlich schon unpraktikabel geworden. Denn das hat auch der geehrte Herr Vorredner angedeutet: Entscheidungen diffizilster Art in einem Kollegium von fünfzig Mitgliedern laufen Gefahr, Zufallsentscheidungen zu werden, und vor nichts mehr hat sich das Reichsgericht zu schützen, als vor dieser Gefahr.

In der Tat hat der Präsident des Reichsgerichts wiederholt aus eigener Initiative uns gegenüber die Erklärung abgegeben: die Zustände, die sich entwickelt haben, sind auf die Dauer nicht zu halten. Nach irgend einer Richtung muß eine Abhilfe geschaffen werden. Denn es rückt allerdings die Gefahr der Verflachung der Urteile, die Gefahr der Verschleppung der Sachen bei den Senaten, die Gefahr der dissentierenden Ansichten unter den Senaten unter diesen Umständen mit jedem Jahr näher und droht die Autorität des Gerichtshofes und das Ansehen unseres Rechts im In- und Auslande schwer zn schädigen."

Die Ursachen dieser bedauerlichen Entwickelung lagen in der Gestaltung des Rechtsmittels, durch welches Rechtsstreitigkeiten an den obersten Gerichtshof gebracht werden können. Dem preußischen Justizminister Dr. Leonhardt wird das Verdienst der „Erfindung" und konsequenten Durchbildung dieses Rechtsmittels: der Revision zugeschrieben. Sie ist nach A. Wach (Vorträge über die Reichszivilprozeßordnung, 2. Aufl. 1896, S. 284) „ein originelles Rechtsmittel. Sie hat unter den Rechtsmitteln des früheren Partikularrechts viel Verwandtes, aber nichts, was ihr gleich ist. Sie ist eine auf die Nachprüfung des angefochtenen Urteils im Rechtspunkte beschränkte, gemeinrechtliche Appellation. Sie ist revisio in jure, nicht in facto. Die Rechts-, nicht die Tatfrage soll nochmaliger Prüfung unterzogen werden können. Auf der prinzipiellen Scheidung beider beruht die Möglichkeit der Revision . . .

Das Rechtsmittel bezweckt nicht Aufstellungen von Rechtsanschauungen, abstrakten Rechtssätzen, sondern die Nachprüfung und eventuelle Änderung der Entscheidung in der Sache selbst. Daher dient es nicht nur der

Rechtseinheit, sondern zugleich der konkreten gerechten Rechtssprechung" (a. a. O. S. 285).

„Die Revision ist das drittinstanzliche Rechtsmittel. Aber sie ist nicht, gleich der Berufung, allgemein zulässig. Sie ist mehrfach beschränkt, beschränkt auf oberlandesgerichtliche Berufungsurteile; beschränkt durch eine hochgegriffene Revisionssumme; beschränkt im Revisionsgrund auf die Verletzung des über den oberlandesgerichtlichen Bezirk hinaus geltenden Gesetzes.

Aus den vorstehenden Sätzen ergibt sicht, daß in der bei weitem größten Zahl der Streitsachen und daher, wenn man Häufigkeit Regelmäßigkeit nennen will, regelmäßig nur zwei Instanzen zulässig sind. So in allen amtsgerichtlichen und in allen nicht revisiblen landgerichtlichen Sachen. . . Die Einheit der Rechtssprechung erscheint daher keineswegs verbürgt. Wo immer die Landgerichte oder die Oberlandesgerichte als Berufungsgerichte in letzter Instanz sprechen, ist ihre Rechtsanwendung, auch als Anwendung des Reichsrechts, eine unkorrigible. Ob sie sich hier der in anderen Fällen geäußerten Rechtsauffassung des Reichsgerichts anschließen, hängt ab von der inneren Überzeugungskraft, welche seinen Urteilen zukommt, oder von der Neigung der Richter, das eigene Denken durch Berufung auf Autoritäten zu ersetzen.[1]) In allen den Rechtsfragen aber, welche ihrer Natur nach nur im amtsgerichtlichen Prozeß gestellt werden können, gibt es für das Reichsgericht kaum eine Möglichkeit einer Beeinflussung der Rechtssprechung" (a. a. O. S. 246).

Die Beschränkung der Revision durch eine Revisionssumme (von 1500 Mark) war in dem Regierungsentwurf nicht enthalten, sondern ist erst vom Reichstag auf Antrag seiner Kommission eingefügt — gegen den entschiedenen Widerspruch der Regierungsvertreter, welche von dem Gedanken ausgehend,[2]) daß infolge partikularistischer Ge-

---

[1]) Vgl. S. 88 und 101.

[2]) Vgl. die Äußerung des Mecklenburgischen Bundesratsmitgliedes Dr. Langfeld in der Reichstagssitzung vom 8. Mai 1898 (Stenographischer Bericht S. 2122).

wöhnungen die Anrufung des Reichsgerichs kaum übermäßig häufig erfolgen würde, diese Beschränkung als „eine ziemlich willkürliche und gewalttätige," für die Rechtseinheit gefährliche und ein Privilegium der Reichen enthaltende bekämpften.

In Wirklichkeit wurde — trotz der Revisionssumme und der anderen genannten Beschränkungen — die Inanspruchnahme des Reichsgerichts eine so starke, daß die oben geschilderte Überlastung schon in verhältnismäßig kurzer Frist eintrat, denn die Zahl der anhängig gewordenen Rivisionen in ordentlichen, Wechsel- und anderen Urkundenprozessen wuchs rasch von 450 in 1880 auf 2484 in 1897.[1])

Infolgedessen war die Zahl der Zivilsenate 1897 auf sechs angewachsen und die Notwendigkeit eines siebenten Senats war unvermeidlich, wenn nicht eine Änderung der gesetzlichen Bestimmungen eintrat.

Das Reichsgericht selbst und das Reichsjustizamt hatten die größten Bedenken gegen diese Vermehrung der Richterzahl, welche der Staatssekretär Dr. Nieberding im Reichstag wiederholt dahin zusammenfaßte, daß diese Vermehrung einerseits die Möglichkeit der Gewinnung erstklassiger Kräfte in Frage stelle und andererseits die Einheitlichkeit der Rechtssprechung und den inneren Zusammenhang des Gerichtes auf das schwerste gefährde.

Es galt also, eine Änderung der gesetzlichen Bestimmungen herbeizuführen.

In der Literatur[2]) waren zwei verschiedene Strömungen hervorgetreten. Während auf der einen Seite eine Umgestaltung des Rechtsmittels, besonders in der Richtung der französischen Kassation oder eine Änderung des Verfahrens, insbesondere durch Einführung eines Vorverfahrens nach

[1]) Kommissionsbericht. von 1898 (Anl. Bd. III, S. 2109), 1880 450, 1881 1315, 1882 1786, 1883 1950, 1884 2108, 1885 2180, 1886 2133, 1887 2017, 1888 1967, 1889 2084, 1890 1844, 1891 1962, 1892 2187, 1893 2284, 1894 2446, 1895 2419, 1896 2496, 1897 2484.

[2]) Übersichtlich zusammengestellt im Kommissionsbericht von 1898. Anl. Bd. III, S. 2108—2120.

Art der französischen Chambre des requêtes empfohlen wurde, sahen andere das Heil in einer Erhöhung der Revisionssumme.

Der letztgenannte Weg fand alsbald lebhaften Widerspruch in den Kreisen der Beteiligten: der deutsche Anwaltstag nahm in seiner Tagung von 1896 gegen die Erhöhung entschieden Stellung, indem er folgender Resolution fast einstimmig zustimmte:

1. Das Bestehen einer dritten Instanz in Privatsachen beruht auf der historischen Entwickelung unseres Rechtes und ist für eine gesunde Verwirklichung des Rechtes ein Gebot der Notwendigkeit. Darum ließe sich eine auch nur teilweise Abschaffung der Revision nur durch besondere Gründe rechtfertigen.

2. Solche Gründe sind nicht vorhanden. Die geltendgemachten verdienen keine Anerkennung. Insbesondere ist es nicht richtig, daß durch Beschränkung der Revision die Rechtseinheit gefährdet werde. Das Gegenteil ist der Fall. Die Rechtseinheit würde durch die geplante Maßregel erheblichen Schaden erleiden.

3. Die Judikatur der deutschen Oberlandesgerichte weist Ergebnisse auf, welche die Beseitigung des gegen diese Judikatur bestehenden Rechtsbehelfes nicht befürworten.

4. Das Vorhandensein der Revision ist an sich schon eine Garantie für die Rechtssprechung.

5. Endlich ist die Einführung des Bürgerlichen Gesetzbuches ein besonderer Grund, die Revision, wie sie ist, bestehen zu lassen.

Und als dann in den vom Reichskanzler am 9. Dezember 1897 vorgelegten, aus Anlaß der bevorstehenden Einführung des Bürgerlichen Gesetzbuches notwendig gewordenen Gesetzentwürfen zur Abänderung des Gerichtsverfassungsgesetzes und der Zivil- und Strafprozeßordnung auch die Erhöhung der Revisionssumme auf 3000 Mark beantragt wurde, erhob sich sofort in der ersten Lesung fast auf allen Seiten des Hauses[1]) lebhafter Widerspruch: man

[1]) Oberlandesgerichtsrat v. Buchka (kons.), Geh. Oberjustizrat, Rat am Kammergericht Rintelen (Zentr.), Rechtsanwalt Lenzmann (fr.), Geh.

wollte lieber die Gefahren einer Richtervermehrung laufen, als die Garantien gerechter Rechtssprechung für die Sachen von 1500—3000 Mk. vermindern.

Allerdings gelang es, in der vom Reichstag zunächst eingesetzten Kommission einen mit 10 gegen 7 Stimmen gefaßten Beschluß für eine — mit gewissen Beschränkungen eintretende — Erhöhung der Revisionssumme auf 3000 Mk. zu erreichen, nachdem alle anderen Entlastungsvorschläge nur kleine Minderheiten für sich zu gewinnen vermocht hatten.[1]) Allein das Plenum lehnte die Erhöhung ab.[2])

Vergeblich verwies der Staatssekretär Dr. Nieberding mit großem Nachdruck auf die viel bedeutenderen Beschränkungen des letztinstanzlichen Rechtsmittels in anderen Staaten, namentlich in Frankreich, auf den eigentlichen Zweck der Revision: die Erhaltung der Rechtseinheit, auf den verhältnismäßig kleinen Umfang der von der Erhöhung betroffenen Fälle — er gab eine Verringerung von 185 auf 140 Revisionen auf 100000 oberlandesgerichtliche Endurteile an —, auf die Gefahren weiterer Richtervermehrung und auf die Notwendigkeit, im Interesse einer gesunden nationalen Rechtsentwickelung und eines in sich geschlossenen, einheitlich arbeitenden höchsten Gerichts sich Beschränkungen aufzuerlegen.[3]) Die Mehrheit sah und hörte nur

Justizrat v. Cuny (natlib.), Rechtsanwalt Beckh (fr.), Rechtsanwalt Träger (fr.), Wirkl. Geh. Oberregierungsrat Gamp (freikons.). Vgl. Stenogr. Ber. 1897/8, Bd. I, S. 852—871, 874—896, 421—428.

[1]) Vgl. den von Trimborn-Köln verfassten, sehr übersichtlichen und eingehenden Kommissionsbericht in den Stenogr. Ber. 1897/8, Anlagen, Bd. III, S. 2108—2120.

[2]) Stenogr. Ber. 1897/8, Bd. III, S. 2118—2184.

[3]) „In den Verhandlungen des Anwaltstages ist von hochangesehener Seite aus dem Anwaltsstande heraus, ohne dafs von irgend einer Seite ein Widerspruch dagegen erhoben wurde, gesagt worden: Wir haben jetzt eigentlich schon sechs oberste Gerichtshöfe in unserem Reichsgericht, wenn wir die Wahrheit sagen; soweit gehen die Entscheidungen unter den verschiedenen Senaten auseinander. Nun, meine Herren, sollte es einmal dahin kommen, dafs die Zahl dieser sechs Senate vermehrt wird um drei oder vier Senate, da wird es auch weiter gehen und dahin kommen, dafs die Lockerung in dem Verband des höchsten Gerichtshofes noch weiter um sich greift; dann

das eine: daß der Reiche privilegiert und einem Teil der Rechtssuchenden die dritte Instanz entzogen, also der Rechtsschutz verkümmert werden sollte!

Das Reichsgericht erhielt nun einen 7. Zivilsenat. Allein das Vorausgesagte trat sehr bald ein; für die Zunahme der Geschäfte reichte auch dieser Senat nicht aus, die Rückstände wuchsen, die Termine wurden immer später anberaumt, die Revision wurde immer häufiger als ein Mittel benutzt, um Ausstand zu erlangen, und die Überlastung war wieder ebenso unerträglich als zuvor. Denn es wurden nach dem Statistischen Jahrbuch für das Deutsche Reich für 1905 S. 222 Revisionen anhängig

	1898	1899	1900	1901	1902	1908
in ordentlichen Wechsel- und anderen Urkundenprozessen	2645	2659	2612	2918	8228	8679
in Ehe- u. Entmündigungssachen	127	121	188	148	196	206.

Die Frage der Erhöhung der Revisionssumme kam also aufs neue vor den Reichstag; nachdem bei der Etatberatung von 1903 und dann wieder am 1. März 1904 [1]) der Abg. Reichsgerichtsrat Spahn auf die durchaus unhaltbaren Zustände beim Reichsgericht in eingehender, die einzelnen schon 1897 besprochenen Vorschläge aufs neue behandelnder Ausführung hingewiesen und der Staats-

werden die Senate noch weniger durch gemeinsame Interessen sich gebunden fühlen, und die Senate werden kaum noch durch mehr als den Raum miteinander vereinigt erscheinen. Meine Herren, dann wird eines schönen Tages die Frage aufgeworfen werden, weshalb denn die Senate alle in Leipzig sitzen, da sie miteinander doch nicht nähere Fühlung haben; für das Volk wäre es jedenfalls dann bequemer, wenn der eine Senat, sagen wir in München, der andere in Strafsburg, der dritte in Hamburg und so weiter säfse. Meine Herren, hüten Sie sich durch die Entwickelung, in die Sie das Reichsgericht so unbedenklich hineinführen wollen, solche Fragen anzuregen; Sie werden damit mächtige Interessen auf den Plan rufen. Damit wäre die Zerstörung derjenigen Reichsinstanz nahe gebracht, auf der allein die Rechtseinheit, die wir jetzt mühsam nach fast dreifsigjähriger Arbeit geschaffen haben, beruht." (Sitzung vom 3. Mai 1898.)

[1]) Stenogr. Ber., Bd. II, S. 1409 ff.

sekretär Dr. Nieberding (S. 1415) unter Bestätigung des zweifellos bestehenden „schweren Notstandes beim Reichsgericht" und der Unhaltbarkeit der Zustände eine baldige Vorlage in Aussicht gestellt hatte, erfolgte diese Vorlage schon am 6. Mai 1904.[1]) Die erste Beratung erfolgte am 24. Mai, doch wurde die gleich beschlossene Kommissionsberatung durch die am 16. Juni erfolgte Vertagung des Reichstags unterbrochen. So wurde der wiederum vom Abg. Trimborn verfaßte, mit einem großen statistischen Material ausgestattete Bericht erst am 10. Mai 1905[2]) vorgelegt und in zweiter und dritter Lesung vom 18. bis 24. Mai verhandelt. An Stelle der von der Reichsregierung vorgeschlagenen Summe von 2000 Mk. bei difformen und 3000 Mk. bei konformen früheren Entscheidungen hatte die Kommission allgemein 2500 Mk. gesetzt, und in den hierüber stattfindenden namentlichen Abstimmungen wurden am 20. Mai bei nicht beschlußfähigem Hause 76 Ja, 71 Nein, 7 Stimmenthaltungen und am 22. Mai bei gleichfalls nicht beschlußfähigem Hause 75 Ja, 48 Nein, 5 Stimmenthaltungen verzeichnet, und die Annahme erfolgte erst am 23. Mai mit 119 gegen 74 Stimmen bei 10 Stimmenthaltungen.

Diese Reichstagsverhandlungen bieten ein wenig erfreuliches Bild. Fast nur von Juristen geführt, in einem schlecht besetzten Hause, in dem auch fast nur noch Juristen anwesend sind, schleppen die Debatten sich lang und in endlosen Wiederholungen hin. Dieselben Gründe. welche schon 1897/8 für und gegen angeführt wurden, kehren auch jetzt wieder, und wenn dies Mal sich eine Mehrheit für die Erhöhung der Revisionssumme findet, so wird bei dem größten Teil der Zustimmenden dies Votum nicht aus innerer Überzeugung von der Güte der Maßregel, sondern nur mit Rücksicht auf den nur auf diesem Wege zu behebenden Notstand[3]) abgegeben. Eine

---

[1]) Stenogr. Ber., Anlagen, Bd. III, S. 2411.

[2]) Stenogr. Ber., Anl., Bd. VIII, S. 4507—4577.

[3]) Der Staatssekretär führte, von anderen Rednern unterstützt, unter anderem folgendes aus: „Ich muſs allerdings sagen, die Geschäfte des Reichsgerichts wachsen inzwischen mehr und mehr zu gefahrdrohendem Umfange an. Die Kräfte der Richter sind er-

wirklich eindringende Untersuchung der letzten Gründe der Überlastung, verbunden mit einer energischen Herausarbeitung der zu ihrer Beseitigung dienlichen und notwendigen Maßregeln wird vergeblich gesucht. Von der Hoffnung erfüllt, daß die Inanspruchnahme des Reichsgerichts nach einer Reihe von Jahren, wenn erst das Bürgerliche Gesetzbuch eingelebt sei, von selbst wieder nachlassen würde, beschränkt man sich im wesentlichen von neuem auf Erörterungen über die Beseitigung der gegenwärtigen Not und kann sich nicht entschließen, den immer wiederholten Versuch einer Vereinigung unvereinbarer Dinge aufzugeben. Denn darauf kommt es doch zuletzt hinaus, wenn man auf der einen Seite das Reichsgericht nach dem Muster anderer höchster Gerichte wirksam entlasten und anderseits Rechtsmittel in einem bei den anderen höchsten Gerichten unbekannten Umfange zulassen möchte. So kommt man aus Halbheiten nicht heraus, Entschlußunfähigkeit lähmt die Arbeit, und zu wirklichen und dauernden Erfolgen vermag man nicht zu kommen.

Vergeblich hat der Staatssekretär Dr. Nieberding immer wieder in beweglichen Worten auf die bis zu den Grundlagen des nationalen Rechtslebens hinabreichende Bedeutung der Frage hingewiesen[2]) — als kühle Antwort kam auch

schöpft. Mehrere Richter sind genötigt gewesen, wegen Überarbeitung Urlaub zu nehmen. Bei anderen Richtern steht das bevor, und ich bin bereits in der Lage gewesen, gegenüber Klagen aus der Mitte des Reichsgerichts über diese Überlastung, nachdem die Herren bis dahin, ich darf sagen, bis zum letzten Atemzug ihre Pflicht getan haben, um dem Andrang der Geschäfte gewachsen zu bleiben, darauf hinzuweisen, dafs die Richter nicht die Verpflichtung hätten, mehr zu tun, als es die gebotenen Rücksichten auf ihre Gesundheit gestatten, dafs es die Richter nicht treffe, wenn die Rückstände immer gröfser werden, und dafs, wenn eine Veränderung in den Verhältnissen nicht eintrete, eben das Volk die Folgen davon tragen müsse, weil die verbündeten Regierungen nicht in der Lage sind, eine Verbesserung der Zustände herbeizuführen, ohne die Hilfe des Reichstags."

[2]) z. B. am 14. Mai 1904 (S. 2948) mit folgenden Ausführungen: „Frankreich, welches von jeher unter den Kulturnationen durch die

jetzt noch zurück: eine weitere Vermehrung der Richter sei doch wohl nicht so schlimm, jedenfalls das kleinere Übel.

Daß die durch Erhöhung der Revisionssumme und einige andere Bestimmungen des Gesetzes vom 5. Juni 1905, betr. Abänderung der Zivilprozeßordnung — die sogenannten kleinen Mittel — geschaffene Entlastung keine endgültige Lösung bietet, ist einleuchtend. Der Staatssekretär hat selbst die Zahl der nunmehr dem Reichsgericht entzogenen Fälle auf 23 bis 25% aller Revisionen angegeben (14. Mai 1904, Bd. IV, S. 2947). Was bedeutet das aber gegenüber

---

glänzende Rechtsprechung hervorragte, Frankreich, in welchem das Prinzip der Gleichheit vor dem Gesetz mehr als in allen anderen Ländern das Volksgemüt durchzieht, und demokratische Anschauungen sämtliche öffentliche Institutionen beherrschen, Frankreich sucht in unerbittlicher Schärfe zugunsten einer fruchtbaren Tätigkeit seines obersten Gerichtshofes alle weniger erheblichen Prozesse von dem obersten Gerichtshof fernzuhalten, von ihm abzuweisen in einem Umfang, wie wir es in Deutschland gar nicht unternehmen würden. So kommt Frankreich bei kaum 40 Millionen Einwohnern für seine Zivilentscheidungen in der obersten Instanz mit einem Zivilsenat aus, der mit 16 Richtern besetzt ist; wir brauchen jetzt schon 7 Senate mit mehr als 50 Richtern. In Frankreich ist der einzelne Richter im Jahr belastet mit noch nicht 20 Sachen: wir müssen trotz der starken Besetzung unseres Reichsgerichts jeden der obersten Richter mit mindestens und mehr als 50 Sachen belasten. Und was ist das Ergebnis dieses Zustandes? Die Urteile von Frankreichs höchstem Gerichtshofe sind in der ganzen Welt in einer Weise anerkannt, um welche andere Länder Neid empfinden dürfen. Die Autorität des französischen Kassationshofes ist immer noch von einer Bedeutung, der die Autorität keines anderen Gerichtshofes aufserhalb Frankreichs — das müssen wir gestehen — zur Seite gestellt werden kann. Das ist ein sehr wichtiger politischer Faktor. Darin ist der Weg zu einer Überleitung französischer Rechtsanschauungen und französischer Lebensanschauungen auf die anderen Nationen gegeben, und die Bedeutung dieses Momentes darf man wahrlich nicht unterschätzen.

Wir haben unsererseits, als wir hier unser gemeinsames bürgerliches Recht schufen, die Vorbedingungen für eine Stellung unseres obersten Gerichtshofes wie in Frankreich geschaffen; aber nur die Vorbedingungen. Es gehört doch auch noch mehr dazu. Solange wir mit der Gefahr zu kämpfen haben, dafs in unserem Gerichtshofe nicht nur die Elite unserer Richterwelt Aufnahme findet, sondern dafs wir genötigt werden könnten, auch Kräfte zweiter Ordnung in

der oben S. 17 u. 20 angegebenen und voraussichtlich anhaltenden Zunahme der Revisionen? So wird in einer kurzen Reihe von Jahren die Überbürdung wieder an die Pforten klopfen. Einstweilen aber steht das höchste Gericht des deutschen Reiches weiter auf einer für die Dauer nicht haltbaren Grundlage, da eine immer weiter fortgesetzte Erhöhung der Revisionssumme natürlich ausgeschlossen ist.

Der Abg. Bachem, der — in Übereinstimmung mit dem Bericht S. 4511 — diese Erhöhung auch nur als ein provisorisches Hilfsmittel bezeichnete (18. Mai 1905, Bd. VIII, S. 6001), gab zugleich an, daß nach Meinung von Regierung und Reichsgericht wohl auf etwa 15—20 Jahre geholfen würde, während man auf anderer Seite die Zahl der Jahre nur auf 4—6 taxiere; jedenfalls sei zunächst so lange geholfen, bis man an die in Aussicht stehende Reform der Zivilprozeßordnung herankomme. Dann werde „die Frage, ob Vermehrung der Zivilsenate oder ob anderweitige Beschränkung der Revision, oder noch andere Wege angebracht sind, um das Reichsgericht flott zu erhalten, erneut debattiert werden".

Bei der Wichtigkeit der Sache gebietet die Vorsicht doch wohl eine sofortige Fortsetzung der Debatte, um so mehr, als bisher die entscheidenden prinzipiellen Gesichtspunkte durch nebensächliche Fragen, z. B. hinsichtlich der

---

den Gerichtshof aufzunehmen, solange die Möglichkeit besteht, daſs die Richter nicht mehr die Zeit finden, sich mit allgemeinen Fragen auſserhalb ihrer engsten Richtertätigkeit zu beschäftigen, mit Fragen wissenschaftlicher, wirtschaftlicher, künstlerischer Art, die doch auch ihre Rückwirkung äuſsern und äuſsern sollen, auf eine wirklich praktische, lebendige Arbeit in der Rechtsprechung, solange wir mit der Möglichkeit zu rechnen haben, daſs unsere Richter schlieſslich untergehen in einem banausischen Aktenleben, das den realen Verhältnissen ferner und ferner tritt, solange die Gefahr besteht, daſs unsere Senate untereinander allmählich die Fühlung verlieren, daſs damit eine geistige Zerrüttung in unserem obersten Gerichtshof Platz greift, die ihn nicht mehr erscheinen läſst als einen einheitlich geschlossenen, von gleichen Rechtsgedanken durchdrungenen, in gleichem Sinne arbeitenden Körper, — solange werden wir das, was Frankreich längst erreicht hat, nicht zu erreichen vermögen."

Zahl der Fälle, welche durch eine Erhöhung der Revisionssumme von 1500 Mk. auf 2500 Mk. vom Reichsgericht fern gehalten würden, übermäßig zurückgedrängt sind. Vor allem gilt es, Zweck und Aufgabe des zur Anrufung des höchsten Gerichtshofes gegebenen Rechtsmittels nach allen Seiten klar zu stellen, da die in dieser Beziehung jetzt herrschende Unklarheit die Debatten bisher in entscheidender Weise an konsequentem Fortschreiten gehindert hat.

Schon der Bericht von 1898 (Anl. Bd. III, S. 2112) beklagte diese Sachlage:

„Das starke Widerstreben gegen die Erhöhung der Revisionssumme habe seinen tiefsten Grund in einer Verkennung der Bedeutung des Rechtsmittels. Bewußt oder unbewußt seien weite, auch juristische Kreise noch immer in der Auffassung befangen, als ob die Revision lediglich oder doch in erster Linie im Interesse der Parteien vorgesehen sei. Dieser Standpunkt sei durchaus irrtümlich. Nur mit Rücksicht auf die Wahrung der Rechtseinheit habe man die Revision geschaffen, und zwar derart, daß sie — im Gegensatz zur Oberappellation — nur bei Verletzung der Rechtsnormen Platz greife. Wenn sie nebenher einen weiteren, gewiß wertvollen Rechtsbehelf für die Parteien und insbesondere eine Gewähr für die gewissenhafte Behandlung der Sachen biete, so sei diese Funktion nur eine sekundäre. Die prinzipale sei die: die Rechtseinheit zu wahren, hierdurch die Rechtssicherheit und die Rechtsentwickelung zu fördern und so als Regulator für die Spruchpraxis zu dienen. Gegenwärtig lägen nun die Dinge unstreitbar so, daß auf der Basis der bisherigen Beschwerdesumme beide Funktionen litten. Schon heute seien der Senate zu viele, so daß der notwendige Kontakt unter denselben kaum herzustellen sei. Die Judikatur ermangele heute schon der Einheitlichkeit. Das Übel werde sich verschlimmern, wenn bei der Auslegung des Bürgerlichen Gesetzbuches alle Senate konkurrierten. Bei dieser Sachlage müsse das Interesse der einzelnen Prozeßpartei zurücktreten vor dem prinzipalen Zwecke der Revision, an dessen möglichst vollkommener Erreichung die Gesamtheit interessiert sei, nicht zuletzt der ärmere Teil der Bevölkerung, für dessen Rechtsverkehr das Reichsgericht als Regulator der Spruchpraxis seine große Bedeutung behalte, auch wenn aus diesen Kreisen keine Prozesse ans Reichsgericht gelangten."

Ebenso betonten der Staatssekretär und andere immer wieder, daß nach der Absicht des Gesetzes der eigentliche Zweck der Revision die Erhaltung der Rechtseinheit sei. Und doch hatten alle diese Ausführungen keine überzeugende Wirkung — und mir scheint: mit gutem Grunde.

Wenn der Staatssekretär versichert, daß der eigentliche Zweck der Revision die Wahrung der Rechtseinheit sei und daß das Reichsgericht nicht die Aufgabe habe, in möglichst vielen Fällen materielle Gerechtigkeit unter den Parteien zu schaffen (14. Mai 1904, S. 2947): so ist damit doch zugleich gesagt, daß die Revision neben dem eigentlichen Zweck in irgend einer Zahl von Fällen der materiellen Gerechtigkeit dienen solle. Und offenbar ist dies auch der Fall,[1]) und Wach a. a. O. und v. Wilmowski haben recht, wenn sie allgemein das Rechtsmittel als ein im Interesse der Rechtsuchenden gegebenes auffassen.[2]) Dann ist

[1]) Dafs es so gedacht war, wird auch dadurch bestätigt, dafs die Revision nach dem Regierungsentwurfe versagt sein sollte, wenn die beiden Vorentscheidungen übereinstimmten (duae conformes) und dadurch schon eine Garantie für die Richtigkeit der Entscheidung gegeben war. Mit der Wahrung der Rechtseinheit war diese Einschränkung durchaus unverträglich. Die Reichstagskommission von 1877 hat sie deshalb auch beseitigt.

[2]) Der bekannte Kommentar zur Zivilprozefsordnung von v. Wilmowski und Levy stellt diese Seite der Revision sogar in den Vordergrund (S. 680 der 5. Aufl., 1889, vor § 507). „Die Revision charakterisiert sich als eine freigestaltete revisio in jure, als eine auf die rechtliche Würdigung der Sache beschränkte Berufung (Mot. 42, 314). — Sie erfordert keine streng formale Begründung, keine Vorprüfung durch chambres de requêtes, keine Niederlegung eines Sukkumbenzgeldes und unterliegt denselben Prozedurformen wie das Berufungsverfahren. Das Rechtsmittel hat nicht wie der Kassationsrekurs die staatsrechtliche Tendenz,

es aber auch unleugbar, daß dadurch einem Teil der Rechtsuchenden eine dritte Instanz gegeben ist, welche dem weit überwiegenden Teile versagt ist, wie es auch Wach a. a. O. zutreffend darstellt, und dann kann nicht bestritten werden, daß — wie namentlich Mitglieder der Linken, aber auch des Zentrums behaupten — die Revision ein Privileg eines Teiles der Rechtsuchenden, und zwar derjenigen ist, welche Streitsachen im Werte von mehr als 2500 Mk. zu verfolgen haben. Und je mehr Wert auf eine möglichst freie Stellung des Reichsgerichts gelegt wird, z. B. hinsichtlich der Prüfung der Frage, ob nicht eine Verletzung von Rechtsvorschriften über Auslegung von Rechtsgeschäften oder Ausübung des richterlichen Fragerechts usw. vorliegen, um so schärfer tritt Zweck und Konstruktion des Rechtsmittels dahin hervor, daß mit seiner Hilfe die Oberlandesgerichte in bezug auf Verwirklichung der materiellen Gerechtigkeit im einzelnen Falle kontrolliert werden sollen. Und ob nun dieses Kontrollrecht mehr oder weniger weit ausgedehnt werden mag, so ist doch die im Reichstag immer wieder aufgestellte Behauptung, daß durch diese in einigen Fällen vorhandene, in den meisten Fällen aber nicht vorhandene Kontrolle eine unter Umständen für eine Partei sehr empfindliche Ungleichheit in der Behandlung der Prozesse geschaffen werde, m. E. unwiderleglich, wobei die weitere, im Reichstag eingehend besprochene, an sich aber weder beweisbare, noch der Widerlegung fähige Behauptung, daß das Vorhandensein

---

zur Aufrechterhaltung der Autorität der gesetzgebenden Gewalten zu dienen, sondern hat, wie jedes andere zivilprozessualische Rechtsmittel, lediglich das privatrechtliche Interesse der Parteien im Auge. — In dieser freien Gestalt ist das Rechtsmittel zuerst in dem E. I (Entwurf des Preußischen Justizministeriums, 1871) unter der Bezeichnung Oberrevision aufgetreten, alle früheren Entwürfe ließen als Rechtsmittel dritter Instanz nur eine mehr oder minder formale Nichtigkeitsbeschwerde zu. Das Verdienst, den gesetzgeberischen Gedanken in seiner Reinheit und Konsequenz durchgebildet zu haben, gebührt dem preußischen Justizminister Dr. Leonhardt."

dieser Kontrolle fördernd auf die Sorgfalt der oberlandesgerichtlichen Arbeit wirke, ganz auf sich beruhen mag.

Diese Sachlage erklärt auch die ursprünglich völlig ablehnende Haltung der Parteien (oben S. 18) und die Heftigkeit des Kampfes, der durch den Notstand nur unterbrochen bei der demnächstigen endgültigen Regelung alsbald wieder ausbrechen wird.

Der in der Begründung des Gesetzes (Sten. Ber. 1903/4, Anl. Bd. III, S. 2418) gegebene Hinweis auf die in anderen Staaten[1]) zur Einschränkung der Anrufungen des höchsten Gerichtshofes angewandten Mittel hat keinen Eindruck gemacht. Die Abneigung gegen hohe Prozeßkosten und Sukkumbenzstrafen ist bei uns außerordentlich stark und weit verbreitet und das Gefühl für Rechtsgleichheit weit schärfer und empfindlicher ausgebildet als in den großen demokratischen Staatswesen.

Wenn sich trotz dieser Bedenken das Reichsgericht immer wieder für die Aufrechterhaltung der jetzigen Revision mit hohen Revisionssummen ausgesprochen hat, so ist diese Stellungnahme unschwer verständlich; denn seine Beobachtungen führen ihm fortgesetzt viele Fälle vor Augen, in denen nach seiner rechtlichen Auffassung die materielle Gerechtigkeit im einzelnen Falle zu kurz gekommen ist, weil eine Rechtsnorm nicht oder nicht richtig angewandt oder weil das Gesetz in bezug auf das Verfahren verletzt ist oder weil unter Verletzung des Gesetzes Tatsachen festgestellt, übergangen oder als

---

[1]) Sehr hohe vorher sicher zu stellende Kosten bei Anrufung des House of Lords, Beschwerdesumme von 1000 $ bei dem Appell von den Appellationsgerichten an den Supreme Court in Washington, Sukkumbenzstrafen in Frankreich, Italien, Schweden, deren Betrag ganz oder teilweise vorher zu hinterlegen ist, die Mutwillensstrafe für frivole Einlegung von Rechtsmitteln in Österreich und Ungarn usw. In gleicher Richtung wirken die Bestimmungen, welche die Berufungen gegen erstinstanzliche Urteile bei niedrigeren Streitwerten ausschliessen, z. B. in Frankreich bis zu 1500 Fr., in Belgien bis 2500 Fr., in den Niederlanden bis 400 Fl., in vielen Schweizer Kantonen bis 300, 400 und 500 Fr.

vorgebracht angenommen sind (§ 554 ZPO., Fassung vom 5. Juni 1905). Aus ähnlichen Gründen haben sich auch immer mehr Mitglieder des Reichsgerichts für eine Berufung gegen Strafkammerurteile ausgesprochen (Protokolle der Straf-Proz.-Komm. I, S. 451).

Es ist in der Tat ein natürliches Bestreben des Reichsgerichts,[1]) seine Auffassung von der materiellen Gerechtigkeit, ungehindert durch formelle Schranken, in möglichst weitem Umfange zu verwirklichen. Wenn man aber nach dem Bericht S. 4514 und 4521 so weit gegangen ist, zu sagen, daß „das Reichsgericht in eine unwürdige Lage gebracht werde, wenn sein Revisionsrecht verkümmert und es genötigt werde, gegen seine Überzeugung infolge von Irrtümern des Anwalts zu Ungunsten der Partei zu entscheiden; nur wenn, durch keine Schranke behindert, das Reichsgericht aus sich heraus aus dem gesamten Prozeßmaterial die Rechtssätze entwickeln könne, werde es der gerade für das Bürgerliche Gesetzbuch so wichtigen Aufgabe der freien Fortbildung der Rechtsprechung und der Erhaltung der Einheitlichkeit des Rechtes genügen können"[2]) — so liegt hierin doch eine starke Übertreibung. Es bedarf nur des Hinweises auf die oft gelobten Sprüche des durch formelle Schranken stark eingeengten französischen Kassationshofes und die oben (S. 23) erwähnten begeisterten Worte des Staatssekretärs Dr. Nieberding über Wirkung und Bedeutung dieser Sprüche, um diese Übertreibung zu erkennen. Überdies ist doch, auch bei der vorzüglichsten Zusammensetzung des Reichsgerichts keineswegs immer

---

[1]) Der Abg. Spahn erklärte, er sei früher in bezug auf Handhabung der Revision weniger weit gegangen, sei aber als Reichsgerichtsrat anderer Meinung geworden. „Das Reichsgericht — so meinte er — kann unmöglich gezwungen werden, wenn es einem Irrtum abhelfen kann, der infolge der Nichtausübung des Fragerechts eingetreten ist, gegen seine juristische Überzeugung zu Ungunsten einer Partei zu entscheiden" (1. März 1904, Verh. II, S. 1412).

[2]) Aus ähnlichen Gründen will Wach a. a. O., S. 288, 289, die Revision aus ihrer jetzigen Halbheit fortbilden zu einer möglichst freien und ausgedehnten, im Dienste der Gerechtigkeit stehenden Nachprüfung des einzelnen Falles.

gesagt, daß das höchste Gericht schließlich wirklich recht hat und daß nicht der einzelne Fall möglicherweise auch durch die untern Instanzen richtiger entschieden ist (Abg. Dove, Bd. VIII, S. 6009).

Diese Stellung des Reichsgerichts kann also die Frage nach der Aufrechterhaltung der Revision in der jetzigen Konstruktion als ein Rechtsmittel zur Verwirklichung der materiellen Gerechtigkeit im einzelnen Fall noch nicht entscheiden. Vielmehr ist in die Sache selbst, unabhängig von der Auffassung des Reichsgerichts, tiefer einzudringen.

Zunächst ist mit größerer Bestimmtheit als bisher zu entscheiden, ob der Satz, daß an sich für die Parteien zwei Instanzen ausreichen, und Zweck und Aufgabe des Rechtsmittels der Revision nur in der Wahrung der Rechtseinheit liegen, in der Tat den alleinigen Ausgangs-punkt für die Konstruktion des Rechtsmittels bilden soll.

Allerdings ist die allgemeine Notwendigkeit einer dritten Instanz im Interesse der Rechtsuchenden in den Reichstagsverhandlungen wiederholt behauptet, allein die weit überwiegende Meinung ging doch dahin, daß an sich, für die Parteien zwei Instanzen genügten (Spahn, Hagemann, Dove, Bachem u. a. m., Bd. VIII, 6000 flg.). Außerhalb des Hauses ist die Notwendigkeit einer dritten Instanz besonders vom Anwaltstag (oben S. 18, 19) vertreten. Allein die Konsequenzen, welche sich unter Festhaltung der Gleichheit vor dem Gesetz aus diesem Standpunkt ergeben, beweisen seine Unhaltbarkeit: denn man würde in solchem Falle nicht nur das Reichsgericht durch Anfügung immer neuer Senate zu immer unförmlicherer Gestalt weiter entwickeln, sondern auch zur Wahrung der Rechtseinheit, der ein solches Reichsgericht nicht mehr wirksam dienen könnte, ein neues Organ, ein allerhöchstes Gericht schaffen müssen — wie dies Lenzmann von solchem Standpunkte aus mit Recht angeregt hat.[1]) Auch die

---

[1]) „Das will ich ja zugeben, dafs das Ansehen des höchsten Gerichts darunter leiden kann, wenn es zusammengesetzt ist aus einer

Interessen der Parteien, für welche eine prompte Rechtspflege regelmäßig weit wichtiger ist als ein langer Instanzenzug, stehen der Ausbildung einer dritten Instanz durchaus entgegen, und es wird eine der Hauptaufgaben der nachstehenden Aufsätze sein, die Vorzüge einer Gerichtsverfassung darzulegen, welche auf dem Gedanken beruht, daß eine möglichst wirksame und autoritative erste Instanz die größten Garantien einer schnellen und populären Justiz bietet und zur Beseitigung etwaiger Irrtümer und Versehen für die Parteien eine höhere Instanz genügt.

Die Verwirklichung der materiellen Gerechtigkeit im Einzelfall ist also aus den Aufgaben einer dritten

---

grofsen Zahl von Personen, die vielleicht nicht so tüchtig sind, aus einer grofsen Anzahl von Senaten, die sich vielleicht widerstreiten, und wenn dann nicht durch Plenarbeschlufs eine wirklich wissenschaftlich durchgearbeitete Judikatur herbeigeführt wird, das gebe ich zu, und demzufolge ist auch das Reichsgericht, wie wir es haben, nicht das Ideal meines Hoffens und Wünschens der Zukunft. Für mich ist es ein Lieblingsgedanke gewesen, über das Reichsgericht noch ein anderes Gericht zu stellen, allerdings nicht als Prozefsgericht, sondern ähnlich wie die Spruchkollegien der Fakultäten in früheren Jahren waren, eine Behörde, ein Justizorgan, welches sich allerdings mit der Entscheidung des betreffenden Prozesses befafst, aber nicht, um für die Parteien Recht zu schaffen, sondern nur, um, abgesehen von den Parteien, eine Rechtsfrage zur Entscheidung zu bringen, losgelöst von dem konkreten Fall. Es wird Aufgabe des Reiches sein, eine derartige Institution zu schaffen, vor welche streitige, zweifelhafte Rechtsfragen meinetwegen, wenn sie von den verschiedenen Senaten des höchsten Gerichts verschieden entschieden sind oder auch, wenn sie von verschiedenen Oberlandesgerichten verschieden entschieden sind, derartige wichtige Rechtsfragen gebracht werden, damit sie die wissenschaftliche Entscheidung treffen, die in Zukunft die Gerichte bindet, bis eben dasselbe Organ eine andere Entscheidung herbeiführt. Ein derartiges Institut würde mit sehr wenigen Richtern ausgestattet werden können und würde einen aufserordentlich vornehmen Charakter haben, namentlich aber auch, wenn es finanziell so ausgestattet würde, dafs keine Streber hineinkämen, dafs kein Steigen mehr möglich wäre, kein Steigen im Gehalt, kein Steigen im Ansehen, kein Steigen in der Rangstufe der Räte. Wir würden dann allerdings, wie andere Länder hatten und noch haben, einen aus wenigen Mitgliedern bestehenden vor-

Instanz auszuscheiden: es müßte denn nachgewiesen werden, daß die dritte Instanz ihre Aufgabe der Wahrung der Einheitlichkeit des Rechtes und seiner Fortbildung nur erfüllen kann, wenn ihr in einer beschränkten Anzahl von Fällen die materielle Prüfung ohne formelle Schranken eingeräumt würde (oben S. 29). Allein dieser Auffassung steht die Erfahrung der angesehensten Gerichtshöfe entgegen; jedenfalls kann von diesem Standpunkte aus die Notwendigkeit einer Revisionssumme von 1500 oder 2500 Mk. nicht begründet werden, denn diese „beschränkte Anzahl" von Fällen könnte auch ohne Verletzung des Prinzips der Rechtsgleichheit, etwa dadurch gewonnen werden, daß zeitweilig, vielleicht 5 Jahre lang die kleinen Sachen (etwa bis 1200 Mk.), dann 5 Jahre lang die mittleren (bis 3000 Mk.) und weitere 5 Jahre die großen revisibel wären und so weiter in demselben Turnus.[1])

Es bleibt also dabei, daß die Verwirklichung der materiellen Gerechtigkeit im Einzelfall für die Konstruktion der Revision nicht von Bedeutung sein darf, sondern nur und allein das Interesse der Rechtseinheit, welches bisher, weil die Verwirklichung der materiellen Gerechtigkeit zugunsten einer Minderheit die Kräfte des Reichsgerichtes in so außerordentlich weitem Umfange in Anspruch nahm, nur in sehr ungenügender Weise gewahrt werden konnte,[2]) zumal es noch keineswegs allgemeine

---

nehmen höchsten Gerichtshof haben, der die wichtigen Rechtsfragen wissenschaftlich entscheidet und eine neue Richtschnur bildet für die unteren Gerichte, welche diese Norm und Richtschnur anzuwenden hätten." Sten. Ber. 12. Jan. 1898. Bd. I, S. 892, 898.

[1]) Offenbar gibt es noch viele andere Wege, um „eine beschränkte Anzahl" von Fällen ohne Verletzung der Rechtsgleichheit dem höchsten Gericht zu unterbeiten. — Bei einer solchen Regelung hätte man es auch in der Hand, durch eine geeignete Begrenzung der „beschränkten Zahl von Fällen" die Belastung des Reichsgerichts immer den vorhandenen Arbeitskräften anzupassen.

[2]) Vgl. Wach a. a. O. (oben S. 17). Von sozialdemokratischer Seite (z. B. Abg. Stadthagen, 14. Mai 1904, S. 2957) ist mit Recht schon wiederholt darauf hingewiesen, dafs für das wichtige Gebiet des Arbeitsvertrages zurzeit noch keinerlei Garantien einheitlicher Rechtsprechung vorhanden sind.

Rechtsanschauung geworden ist, daß die Oberlandesgerichte sich den Reichsgerichtssprüchen zu unterwerfen haben (oben S. 17) — wie dies nach englischer und amerikanischer Auffassung ganz selbstverständlich sein würde. Sind doch noch in jüngster Zeit hervorragende gewesene oder jetzige Mitglieder von Oberlandesgerichten dafür eingetreten, daß diese Gerichte ebenso wie das Reichsgericht nur ihrer juristischen Überzeugung zu folgen hätten (vgl. unten Abschn. VII, S. 101).

Im Interesse der Rechtseinheit liegt es also ohne Frage, wenn möglichst alle Erkenntnisse der Oberlandesgerichte und in gewissem Umfang auch Urteile unterer Gerichte der Kontrolle des Reichsgerichts unterstellt werden. Dies ist aber nur möglich, wenn dem Reichsgericht alle zur Wahrung der Rechtseinheit nicht erforderlichen Geschäfte auf das Strengste ferngehalten werden und auch die Art der Erledigung der Geschäfte ausschließlich durch das Interesse der einheitlichen Rechtsentwickelung bestimmt wird.

Die strenge Festhaltung dieses Gesichtspunktes wird sich für die Beurteilung aller Revisionsfragen äußerst fruchtbar erweisen, denn gerade die Zwiespältigkeit der jetzigen Revision und die Unklarheit über Zweck und Aufgabe derselben hat die Verständigung bisher in erster Linie erschwert.

So wurde z. B. gegenüber dem in der Kommission gebrachten Antrage auf Einschränkung der mündlichen Verhandlung,[1]) welche anerkanntermaßen gegenwärtig hauptsächlich die Zeit der Mitglieder des Reichsgerichts in Anspruch nimmt, sowohl von Kommissionsmitgliedern als vom Staatssekretär Dr. Nieberding eingewandt, daß das Verfahren dadurch zum Nachteil der Parteien erheblich verschlechtert werde. Dasselbe wurde gegenüber dem Antrag auf Einführung eines Begründungszwanges geltend gemacht.

---

[1]) Es wurde auf Österreich hingewiesen, wo eine solche Einschränkung der mündlichen Verhandlung bestehe und wo infolge dessen die Revisionssumme nur 100 Kronen betrage und von 42 Richtern im Jahre 1903 nicht weniger als 6495 Zivilsachen erledigt seien (Bericht von 1904, S. 4514, 4521).

Offenbar gewinnen diese und andere Fragen ein anderes Gesicht, wenn die Rücksicht auf die Parteien und die Hütung des materiellen Rechtes im Einzelfalle ganz ausscheidet. Denn für die einheitliche Rechtsentwickelung kommt es nur darauf an, daß die zweifelhaften und bedeutsamen Sachen auf das Gründlichste in mündlicher Verhandlung erörtert werden, während kein öffentliches Interesse vorhanden ist, dieselbe Verhandlungsweise auch allen denjenigen Sachen angedeihen zu lassen, in denen die Revision etwa von zwei Referenten für unbegründet erklärt wird. Auch die Aufhebung von Urteilen wegen formeller Verstöße wird für die Rechtseinheit nur in geringem Maße von Interesse sein; jedenfalls wird hier, wenn die Frage einer Revisionssumme erörtert wird, die Fragestellung immer dahin zu richten sein: was ist im Interesse der Rechtseinheit wichtiger, die Ausdehnung der Reichsgerichtskontrolle auf ein möglichst großes Gebiet sachlicher Fragen oder aber die Ausdehnung auf möglichst viele formelle und prozessuale Fragen unter Einschränkung der sachlichen Kontrolle durch höhere Revisionssummen? Die Antwort zugunsten der ersteren Alternative kann bei solcher, d. h. der einzig richtigen, Fragestellung nicht zweifelhaft sein.

Eine auf dieser fest bestimmten, klar abgegrenzten Grundlage durchgeführte Konstruktion der Revision wird voraussichtlich schon eine wesentliche Entlastung des Reichsgerichts bei Ausdehnung seines sachlichen Kontrolrechtes bringen. Für eine dauernd haltbare Organisation kommen indessen noch viele andere Gesichtspunkte von wesentlicher Bedeutung hinzu, welche freilich erst erörtert werden können, wenn Verfassung und Verfahren der nachgeordneten Gerichte einer kritischen Beleuchtung unterzogen sein werden. Dieser Aufgabe habe ich mich daher zunächst zuzuwenden.

III.

Unsere heutigen Beamtengerichte und die Ursachen ihrer Unhaltbarkeit.

In bezug auf das Reichsgericht haben Reichsregierung wie Reichstag nach dem oben (S. 18. 21) ausgeführten nunmehr anerkannt, daß die Gewinnung genügender erstklassiger Kräfte für das Reichsgericht ausgeschlossen ist, wenn der Bedarf über ein gewisses Maß hinaus gesteigert wird.

Hinsichtlich der übrigen Gerichte scheint bisher nur in engeren Kreisen daran gedacht zu werden, daß auch hier bei der fortgesetzten Steigerung des Bedarfes die Gewinnung allseitig geeigneter Richter immer schwieriger wird, denn sonst würde nicht alljährlich im preußischen Abgeordnetenhause an den Justizminister das Verlangen gestellt werden, immer neue Richterstellen zu schaffen und neue Amts- und Landgerichte zu errichten. Dies würde namentlich nicht von denjenigen Parteien geschehen, welche es sich besonders angelegen sein lassen, die Würde und das Ansehen der richterlichen Stellung gegenüber den Verwaltungsstellen zu vertreten.

Es wird daher geboten sein, an Hand der deutschen Justizstatistik[1]) sich einmal klar zu machen, welche Anforderungen unsere gegenwärtige Gerichtsorganisation an die Nation in bezug auf die Produktion von Richtern stellt und welche Konsequenzen sich aus diesem Zustande ergeben.

Abgesehen von dem Reichsgericht und dem bayerischen Obersten Landesgericht mit insgesamt 114 Richtern (ein-

[1]) Bearbeitet im Reichs-Justizamt. Jahrgang XII, 1905, S. 13 flg.

schließlich der Präsidenten) waren nach dem Stande vom 1. Januar 1905 an Richtern (einschließlich der Präsidenten) vorhanden:

an den	28	Oberlandesgerichten	651,
an den	173	Landgerichten	2899,
an den	1933	Amtsgerichten	5153,
		im ganzen	8703,

von denen 1434 sogen. höhere Richterstellen, d. h. Stellen von Präsidenten und Direktoren von Landgerichten und Stellen an Oberlandesgerichten, bekleideten.

Rechnet man die 812 Reichs- und Staatsanwälte hinzu, so erhält man nicht weniger als 9629 höhere Justizbeamten bei den deutschen Gerichten, während die Gesamtzahl der Rechtsanwälte am 1. Januar 1905 7863 betrug. In Wirklichkeit sind aber die Ziffern noch zu niedrig, da auch die unbesoldeten Assessoren hinzuzurechnen wären.

Es ist aber nicht allein die ungeheure Zahl dieser für die Erledigung der Justizgeschäfte in Anspruch genommenen Beamten, welche die öffentliche Aufmerksamkeit weit mehr als bisher geschehen auf sich ziehen sollte, vielmehr verdient noch geschärftere Teilnahme das schnelle Wachstum dieser Ziffern seit Beginn der neuen Gerichtsorganisation. Denn, verglichen mit dem Stande am Ende des Jahres 1882 haben die Richterstellen bis zum 1. Januar 1905

bei den Oberlandesgerichten	um 127	oder	24,2 %,
„ „ Landgerichten	um 721	oder	33,1 %,
„ „ Amtsgerichten	um 900	oder	21,2 %,

die Staatsanwaltstellen

bei den Landgerichten	um 272	oder	57,7 %,
„ „ Oberlandesgerichten	um 13	oder	26,5 %

zugenommen, und diese Vermehrung geht in raschestem Tempo weiter. Sind doch allein in Preußen durch den Etat für 1905 weitere 250 und durch den Etat für 1906 weitere 215 Stellen für Richter und Staatsanwälte geschaffen worden, ohne daß dadurch irgendwie ein Zustand der Befriedigung erreicht wäre.

Was bedeuten nun diese hohen, stets wachsenden Zahlen?

Sie bedeuten zunächst die Existenz eines wahrhaften Beamtenheeres, welches nach allen Regeln der Beamtenhierarchie gegliedert und eingeteilt ist und in welchem vom Amtsrichter bis zum Reichsgerichtspräsidenten hinauf Stellen aller Art und jeden Ranges zu besetzen sind. Daß die geistige Mittelmäßigkeit bei weitem überwiegen muß, ergibt sich ohne weiteres aus allgemeinen Erwägungen, so daß man nicht darauf zu verweisen braucht, wie gering die Zahl derjenigen ist, welche in den vorgeschriebenen Prüfungen sich hervortun. Wenn der preußische Justizminister auch das von ihm gewünschte Recht einer Auswahl aus den die zweite Prüfung bestehenden Referendaren erhalten hätte, so würde er doch gar nicht in der Lage gewesen sein, seinen Bedarf in ebenso günstiger Weise zu decken, als etwa der Minister des Innern, welcher nur die Stellen von 35 Regierungspräsidenten, 12 Oberpräsidialräten, 609 Regierungs- und Oberregierungsräten, 484 Landräten und 15 Polizeipräsidenten bezw. Direktoren oder der Minister der öffentlichen Arbeiten, welcher für seine Eisenbahnen nur 21 Präsidenten und etwa 200 Regierungsratsstellen zu besetzen braucht.

Es kommt hinzu, daß infolge des großen Bedarfs der Banken und industriellen Unternehmungen, sowie der größeren Städte eine immer zunehmende Zahl von Assessoren und Richtern, und zwar natürlich grade von hervorragenderen Kräften aus dem Justizdienste ausscheidet.

Der Justizminister ist sich auch völlig klar darüber, daß von den Amts- und Landrichtern nur ein Bruchteil geeignet ist, eine Stelle beim Oberlandesgericht oder eine Präsidenten- oder Direktorenstelle beim Landgericht auszufüllen. Dies wissen aber auch die Anwälte und das Publikum, und so ist es eine natürliche und unvermeidliche Folge der Organisation eines solchen Beamtenheeres, daß den höheren Instanzen eine größere Sachkenntnis und Urteilskraft als den niederen zugeschrieben wird, und dies um so mehr, je stärker der Bedarf an

Richtern anwächst, je höher die Zahl der als Hilfsrichter verwandten Assessoren anschwillt und je schneller tüchtige junge Richter den Amts- und Landgerichten entzogen und als Hilfsrichter bei den Oberlandesgerichten verwandt werden. Hieraus aber entsteht das Drängen der Parteien, ihre Sache in die höhere Instanz zu bringen und die dem Beamtenstaat auf allen Gebieten eigene Häufung der Instanzen, deren unerträgliche Konsequenzen oben S. 17. 20 bereits hervorgetreten sind.

In welchem Umfange die Autorität der unteren Instanzen durch diesen, bei einem beamtenmäßig organisierten Richtertum unvermeidlichen Stand der Dinge geschädigt wird, ergibt sich aus folgenden Ziffern der Justizstatistik (a. a. O. S. 120 und 194).

Auf je 1000 während desselben Jahres in der Vorinstanz erlassene kontradiktorische Endurteile kamen im Reich anhängig gewordene Berufungen in Zivilsachen:

	1881	1885	1890	1895	1900	1903
bei den Landgerichten	122	164	195	215	230	248
bei den Oberlandesgerichten	335	382	380	409	406	425

und Berufungsurteile in Strafsachen 1881—85 61, 1886—90 79, 1891—95 86, 1896—1900 95, 1903 101. Von den Entscheidungen der Landgerichte in Zivilsachen werden also nicht weniger als 42 ½ % angefochten! Bei den amts- und schöffengerichtlichen Urteilen aber, welche anfänglich weit günstigere Ziffern (12,2 % und 6,1 %) zeigten, ist im Laufe von 22 Jahren ein Anschwellen auf etwa das Doppelte (24,8 % und 10,1 %) eingetreten.

Leider wissen wir, da über das Ergebnis der Rechtsmittel in Zivilsachen nur bei den Revisionen Erhebungen gemacht sind, über den Erfolg der Berufungen nur, daß von den in Strafsachen ergangenen amts- und schöffengerichtlichen Urteilen, gegen welche Berufung erhoben war, nach dem ziemlich gleich bleibenden Durchschnitt der Jahre 1881—1903 beinahe 40 % aufgehoben worden sind.

Ebensowenig wissen wir leider darüber, ob der Prozentsatz der Berufungen ein verschiedener ist, je nachdem es sich um ganz geringe Forderungen und Strafen (bis 20 Mark), oder um mittlere und höhere handelt.

An dieser Stelle muß es also genügen, nachdrücklich zu betonen, daß die beamtenmäßige Organisation des Richtertums durch ihre Gliederung und hierarchische Ordnung, sowie die sehr verschiedenartige Qualifikation der einzelnen Mitglieder des richterlichen Heeres geradezu eine Diskreditierung der unteren Instanzen und damit eine immer stärkere Belastung der höheren Gerichtshöfe herbeiführt.

Diese höheren Instanzen aber, insbesondere ihre Präsidenten, werden — in Preußen wenigstens — von ihrer eigentlichen und höchsten Aufgabe: der Rechtssprechung in sehr starkem Maße dadurch abgezogen, daß sie zugleich in mehr oder minder weitem Umfange zahlreiche Verwaltungsgeschäfte zu erledigen, die Aufsicht über die untergeordneten Gerichte zu führen und an der Verwaltung der Personalien teil zu nehmen haben, welche natürlich ja nicht nur das eigentliche richterliche Heer, sondern den noch größeren Heerhaufen der Gerichtsschreiber und gerichtlichen Unterbeamten umfaßt. Zwei Seelen müssen deshalb gleichzeitig in einem guten Präsidenten wohnen und sich vertragen: er muß ein guter Richter und ein guter Verwaltungsbeamter sein. Und wie man weiß, ist es schon ganz außerordentlich schwer, einen allen Seiten seines hohen Amtes gerecht werdenden Richter zu finden, wie selten also sind Männer, die beiden Anforderungen Genüge leisten! Es ist also nur natürlich, daß je nach der Anlage der Präsidenten bald die eine, bald die andere Seite ihrer Aufgabe zu kurz kommt, daß sich der eine weniger als Richter denn als Vorgesetzter untergebener richterlicher Beamten fühlt und demgemäß auch selten sein Richteramt ausübt, während der andere mit Hingebung seiner Kammer oder seinem Senate vorsitzt und dagegen die Aufsicht über die nachgeordneten Gerichte und die Verwaltung der Personalien vernachlässigt. Jedenfalls ist als eine seltsame Konsequenz unserer Gerichtsorganisation der Satz aufzustellen, daß gerade die hervorragendsten Richter am wenigsten als Richter tätig sein können.

Diese Bemerkungen leiten zugleich zu einem anderen tiefliegenden Mangel der jetzigen Einrichtungen hinüber. Mit anerkennenswerter Sorgfalt und heißem Bemühen haben die Verfasser des Gerichtsverfassungsgesetzes die Unabhängigkeit der Gerichte durch die Vorschriften über die Bildung der Kammern und Senate und durch die Aufstellung des Grundsatzes der Unabsetzbarkeit der Richter sicher zu stellen gesucht. Sie haben dabei nur übersehen, daß sie Unmögliches gewollt haben. Denn offenbar begründet die Unabsetzbarkeitserklärung für ein Heer von 9000 Richtern noch keineswegs deren Unabhängigkeit; es dauert eben lange, bis ein Richter keine Wünsche mehr bei dem Minister vorzubringen und auf der Staffel der Ehren die ihm zusagende Stufe erklommen hat. So verwerflich es sein mag, wenn ein Richter oder Assessor sich mit seinen Vorgesetzten durch besonderes zuvorkommendes Wesen gut zu stellen sucht, so ist es in einem so großen Beamtenheer doch leider unvermeidlich, und es ist daher notwendig, dieser Lage der Dinge fest ins Auge zu sehen und sich darüber klar zu werden, daß auch dieser Übelstand einer vielfach nur scheinbaren Unabhängigkeit notwendig in den Kauf genommen werden muß, wenn man zur Ausübung der Rechtspflege ein Heer von 9000 richterlichen Beamten nötig zu haben glaubt.

Der größte Mangel der jetzigen Einrichtungen liegt jedoch an anderer Stelle. Indem das richterliche Amt zum Gegenstand einer Beamtenlaufbahn geworden ist und der junge Assessor nach Abschluß seiner Lehrzeit unmittelbar in ein richterliches Amt hineingesetzt wird, dessen wirkliche Ausfüllung nicht nur die Kenntnis von Rechtssätzen, sondern die weit schwierigere, nur in langer Übung erlernbare richtige Anwendung derselben und die nicht minder schwierige Beherrschung der wirtschaftlichen und sozialen Verhältnisse des gestaltenreichen

Lebens voraussetzt, entsteht alsbald eine außerordentlich problematische Sachlage: auf einem Teil der Richterstühle sitzt im glücklichen Fall ein Anfänger, dessen wirkliche Lehrzeit zwar eigentlich erst jetzt, mit der Übernahme eigener Verantwortlichkeit, beginnt, der aber doch der Anlage nach zum Richter berufen erscheint — im unglücklichen Falle aber ein Unberufener, der nie die schwere Kunst des richterlichen Amtes erlernen wird. In beiden Fällen aber werden die Rechtsuchenden die Autorität vermissen, die kein Amt so sehr wie das richterliche erfordert. Und man mag die Ausbildung der Studenten und Referendare auch noch so sehr verbessern und ihnen Gelegenheit zu mannigfachem Einblick in die Lebensverhältnisse gewähren: die Haupterfordernisse eines Richters werden ihnen zunächst immer fehlen. Und da auch in seiner weiteren Laufbahn der Richter amtlich immer nur in engem und bestimmtem Umkreise Gelegenheit zum Erwerb von Menschen-, Verkehrs- und Geschäftskenntnis haben kann, so kann eben ein Beamten-Richtertum nach seiner ganzen Stellung und Entwickelung den Ansprüchen nicht mehr genügen, die ein mündig gewordenes Volk an seine Richter stellt und stellen kann. Und so erklärt sich auf die natürlichste Weise und ohne, daß dem jetzt lebenden Richter irgend ein Vorwurf gemacht werden kann und soll, die mit elementarer Gewalt durchbrechende Überzeugung, daß unser deutsches Beamten-Richtertum als Ganzes angesehen, dem Volksleben zu fern steht und seiner Ausbildung und Erziehung nach nicht mehr in der Lage ist, autoritativ der Pflege des Rechts zu walten — eine Überzeugung, die natürlich auch nicht dadurch erschüttert werden kann, daß — ganz abgesehen vom Reichsgericht — eine namhafte Zahl hervorragender Juristen in allen, namentlich in den höheren Gerichten sitzt. Aber unter der Gesamtzahl von 9000 ist diese Ziffer eben doch zu gering, um ausschlaggebend sein zu können. Es kommt dabei nämlich vor allem in Betracht, daß diese Mängel der richterlichen Vorbildung zwar von den hervorragend Begabten nach und nach in hohem Maße überwunden werden können und tatsächlich überwunden werden, daß aber im ganzen und großen hierauf nicht gerechnet werden kann.

Es mag dies uns alle, die wir an die Organisation eines richterlichen Beamtentums von Jugend auf, noch von kleinstaatlichen Tagen her, gewöhnt und von den unvergeßlichen Leistungen und Tugenden unseres deutschen Beamtentums erfüllt und überzeugt sind, auf das schmerzlichste berühren. Im Hinblick auf das hohe Gut einer auch den höchsten Anforderungen genügenden Rechtspflege kann aber doch bei solcher Sachlage nur noch eine Aufgabe anerkannt werden: die Schaffung neuer, den Anforderungen einer neuen Zeit gerecht werdender gerichtlicher Organisationen!

Und damit von vornherein kein Mißverständnis entstehe, sei gleich hier vorweggenommen, daß selbstverständlich kein Verständiger an die Beseitigung der gelehrten Gerichte denken kann, welche bei uns wie überall unentbehrlich sind, seit das Leben so vielgestaltig und das Recht so verwickelt geworden ist. Aber gerade weil dem so ist, muß bei der Auswahl der gelehrten Richter so verfahren werden, daß auf den Richterstuhl nicht erst sich bildende Jünger der Themis, sondern in vielfachem Dienst bewährte Meister berufen werden. Denn nur so läßt sich die Autorität gelehrter, aus Berufsrichtern gebildeter Gerichte aufbauen so wie es nötig ist, als ein rocher de bronze.

Offenbar ist nun die erste Voraussetzung der Bildung solcher Gerichte eine sehr erhebliche Verringerung der Richterzahl. Denn aus einer großen Richterzahl, welche nur bureaukratisch, beamtenmäßig organisiert werden kann, erwachsen ohne weiteres und mit unvermeidlicher Notwendigkeit alle jene üblen Konsequenzen, die wir im vorstehenden beleuchtet haben. Und die große, für die gesamte Organisation unserer Zivil- und Strafrechtspflege entscheidende Frage richtet sich infolgedessen daraufhin, welche Änderungen unserer Gerichtsverfassung und unserer Prozeßordnungen angängig und erforderlich sind, um die Zahl unserer Richter so zu verringern, daß eine Besetzung aller Richterstellen mit erfahrenen Männern von anerkannter Bedeutung sicher gestellt erscheint. Ich wies oben S. 9 schon darauf hin, daß die Strafprozeßkommission sich mit dieser Frage der Persönlichkeiten gar nicht oder doch nur ganz nebensächlich befaßt hat. Es wird freilich wohl gelegentlich bemerkt (I. S. 387), daß der Gedankenaustausch mit Schöffen namentlich für einen jüngeren Richter von hohem Wert sei, da er ihm Gelegenheit gebe, sich die größere Lebenserfahrung der Laien nutzbar zu machen; daß die Schwurgerichtsvorsitzenden nicht immer für dies schwierige Amt geeignet seinen; daß die Senatspräsidenten der Oberlandesgerichte wohl nicht immer die Eigenschaften hätten, Verhandlungen in großen Strafsachen zu leiten; auch erörtert man wohl, ob Land- oder Amtsrichter oder Oberlandesgerichtsräte für gewisse Aufgaben besser geeignet seien (I. S. 390, 407, 461, 465). Im ganzen aber nimmt man unser jetziges Richtertum als eine gegebene, feste Größe hin.

Die Einschränkung des staatlichen Beamtentums und die Eindämmung der Bureaukratie ist eins der beliebtesten Schlagworte. Dieselben Kreise aber, die es am kräftigsten gebrauchen, vergessen seltsamer Weise alle ihre Grundsätze, wenn die Vermehrung der Richterzahl in Frage kommt, obwohl hierdurch die Gewinnung tüchtiger Richter immer mehr erschwert, die Qualität der Richter und damit ihre Stellung herabgedrückt und somit ihre eigenen auf Hebung dieser Stellung gerichteten Bemühungen vereitelt werden.

Um so nachdrücklicher und umfassender muß daher hier nach allen Seiten dargelegt werden, daß gerade hier die Stelle ist, wo eine positive Kritik und die allseitig gewollte Reform unserer Rechtspflege mit wirklicher Aussicht auf durchgreifenden Erfolg einzusetzen hat. Daß der Gedanke einer wesentlichen Verringerung der Richterzahl an sich deutschen Verhältnissen nicht widerstreitet, ergibt sich schon daraus, daß früher die Rechtspflege in manchen Landesteilen mit einer viel kleineren

Zahl von Richtern auskam, so z. B. in Schleswig-Holstein und Hamburg. Dies läßt sich für Hamburg leicht zahlenmäßig nachweisen, wie die aus den Budgets aufgestellte Tabelle (s. Seite 46) ergibt.

Der Unterschied zwischen der alten Zeit — vor der neuen am 1. Oktober 1879 in Kraft getretenen reichsrechtlichen Organisation — und der späteren springt sofort in die Augen. Gegen etwa 7 Richter auf 100000 Einwohner bis 1875 kommen 1880 bereits 11,2 — bei Einrechnung von zwei Dritteln der oberlandesgerichtlichen Zahl —, und die Zahl steigt, je mehr die neue Organisation ihre Konsequenzen entwickelt, bis 1905 auf 15,3, also auf mehr als das Doppelte.

Lehrreicher sind freilich noch die englischen Ziffern; und nachdem man so lange den Blick wieder und wieder fast ausschließlich nach Westen, nach der Napoleonischen Organisation in Frankreich gerichtet hat, liegt es in der Tat nahe, vor allem die Verhältnisse desjenigen Landes zum Vergleich heranzuziehen, in welchem sich seit vielen hundert Jahren Gerichtsverfassung, Richtertum und Recht in grandioser Kontinuität entwickelt haben, in welchem nie die Aufnahme eines fremden Rechtes schwere Störungen gebracht, in welchem nie ein Staatsbeamtentum in deutschem oder kontinentalem Sinne bestanden und in welchem stets eine kleine Zahl von hochstehenden Richtern die Aufgaben rechtsgelehrten Richtertums zu lösen gewußt hat: ich meine England, dem Schottland ergänzend hinzutritt. Diese Betrachtung muß um so lehrreicher sein, als bei der eigenartigen Entwickelung beider Länder eine einfache Übertragung englisch-schottischer Einrichtungen auf deutsche Verhältnisse völlig ausgeschlossen und der Beobachter infolgedessen darauf angewiesen ist, die den Einrichtungen zu Grunde liegenden Rechtsgedanken herauszufinden und deren Verwertbarkeit in der Heimat zu untersuchen.

Der Einblick in englisch-schottische Verhältnisse, bei dem ich mich von vorgefaßten Liebhabereien ganz frei weiß, ist auch deshalb von großem Wert, weil die Mit-

Zu S. 44.

Richter und Staatsanwälte in Hamburg von 1865 bis 1905.

Jahr	Bevölkerung des Staates Hamburg nach den jeweiligen Volkszählungen am 1. Dezember	Zahl der rechtsgelehrten Richter (excl. der Richter am O.-App.-Ger. Lübeck und Oberlandesgericht Hamburg) im Staat Hamburg	Darunter Hypotheken-, Grundbuch-, Vormundschaftsrichter	Zahl der Richter am Ober-Appellationsgericht Lübeck	Zahl der Hanseatischen Richter am Reichsgericht Leipzig	Zahl der Richter am Oberlandesgericht Hamburg	Zahl der Staatsanwälte im Staat Hamburg
1865	273484	19	3	8 (4 Hansestädte)	—	—	—
1875	388618	30	4	7 (3 Hansestädte)	3 (incl. 1 Präs.)	—	3
1880	453869	45	5	—	3 "	10	7
1885	518620	54	6	—	4 "	12	10
1895	681632	90	6	—	4 "	24	14
1905	875000	114	10	—	4	30	17

NB. Unter Richtern sind die Präsidenten und Direktoren mit verstanden; unter Staatsanwälten auch der Oberstaatsanwalt und die Amtsanwälte.

Die Zusammenstellung beruht auf den für die betreffenden Jahre maßgebenden Budgets, soweit diese über die in den Spalten bezeichneten Gegenstände Aufschluß geben.

wirkung der Laien dort so eigenartig geordnet ist; und je mehr man jetzt geneigt ist, die Zuziehung von Laien als ein bequemes und genügendes Mittel anzusehen, um der Justiz das Vertrauen wiederzugewinnen, um so nützlicher wird es sein, in England und Schottland zu sehen, daß dort ein starkes Richtertum auch ohne Laien volkstümliche Justiz zu pflegen weiß.

Ehe ich jedoch den Weg zu den Vettern jenseits des Kanals einschlage, der zum Studium von Verfassungs- und Verwaltungs-Einrichtungen schon so oft betreten ist, sei mir gestattet, auch der finanziellen Seite der Sache zu gedenken. Natürlich wäre kein Aufwand zu groß, der zur Herstellung einer guten Justiz wirklich notwendig ist. Aber es handelt sich ja eben darum, daß der bisher für ein Richterpersonal von 9000 Richtern, für das eng mit ihm verbundene gewaltige Personal von Bureaubeamten und für die zugehörigen Gerichtsgebäude notwendige und in immer steigendem Maße notwendig werdende Aufwand seinen Zweck nicht erfüllt hat und nicht erfüllen kann; und bei dieser Sachlage ist es doch von großem Interesse, einigermaßen zu übersehen, wie groß dieser — ohne Erfüllung seines Zweckes — bislang verbrauchte Aufwand gewesen ist und ist.

Einige Zahlen aus den beiden letzten preußischen Staatshaushaltsetats werden genügende Anhaltspunkte geben können.

Die Gehälter — ohne Wohnungsgeld — betrugen nach dem Etat für 1905 für

13	Oberlandesgerichtspräsidenten mit je 14 000 Mk.	182 000 Mk.
58	Senatspräsidenten mit 7500 bis 11 000 Mk.	504 600 „
338	Oberlandesgerichtsräte mit 5400 bis 7200 Mk.	2 099 400 „
1	Landgerichtspräsidenten in Berlin mit	11 000 „
		2 797 000 Mk.

	Übertrag	2 797 000 Mk.
1	Amtsgerichtspräsidenten in Berlin und	
92	Landgerichtspräsidenten an anderen Landgerichten mit 7500 bis 11 000 Mk.	824 000 „
306	Landgerichtsdirektoren mit 5400 bis 7200 Mk.	1 918 800 „
1215	Landrichter } m. 3000—6600 Mk. im	5 832 000 „
3184	Amtsrichter } Durchschnitt 4800 Mk.	15 283 200 „
	im ganzen	26 655 000 Mk.

Dazu kommen die Gehälter für

13	Oberstaatsanwälte mit 7500 bis 11 000 Mk.	117 200 Mk.
8	Staatsanwälte als Vertreter der Oberstaatsanwälte mit 5400 bis 7200 Mk.	46 800 „
1	Erster Staatsanwalt beim Landgericht I in Berlin mit 7500 bis 11 000 Mk.	8 400 „
92	andere Erste Staatsanwälte, } mit 5400 bis 7200 Mk.	
5	Staatsanwälte b. Landgericht I in Berlin }	612 000 „
376	Staatsanwälte mit 3000 bis 6600 Mk., im Durchschnitt 4800 Mk. .	1 804 800 „
	im ganzen	2 589 200 Mk.

Von diesen Summen waren neu eingestellt die Gehälter für

7	Senatspräsidenten	mit	52 500 Mk.
33	Oberlandesgerichtsräte	„	178 200 „
27	Landgerichtsdirektoren	„	145 800 „
59	Landrichter	„	283 200 „
95	Amtsrichter	„	456 000 „
im ganzen 221			1 115 700 Mk.
	ferner für Staatsanwälte		139 800 Mk.

Der Etat für 1906 sieht wiederum Steigerungen in ähnlicher Höhe vor, nämlich für: 1 Präsidenten des Oberlandesgerichts in Düsseldorf, 8 Senatspräsidenten, 21 Oberlandesgerichtsräte, 3 Landgerichtspräsidenten, 22 Landgerichtsdirektoren, 35 Landrichter und 114 Amtsrichter, im ganzen 204 Richter mit einem Gehaltsaufwand von rund 1 024 000 Mk. (überall ohne Wohnungsgeldzuschüsse).[1])

Diese Mehrausgabe wird sich aber in den nächsten Jahren immer weiter steigern, weil diese neugeschaffenen Stellen dem Bedürfnis noch keineswegs genügen. Noch immer sind an vielen Orten die Kammern der Landgerichte in großem Umfang mit Assessoren und die Senate der Oberlandesgerichte mit Amtsrichtern und Landrichtern besetzt — ein Umstand, der die an sich schon geschwächte Autorität der Gerichte immer stärker gefährdet, die Neigung zur Anrufung höherer Gerichte weiter steigert und so in unheilvollem circulus vitiosus die erforderliche Zahl der Richter immer höher anschwellen läßt.

Diese Ziffern sind aber nicht nur wegen der durch sie veranschaulichten Belastung des Etats, sondern in vielleicht noch höherem Maße deshalb von Interesse, weil die Auswahl des richterlichen Personals durch die finanzielle Stellung natürlich stark beeinflußt wird.

Von vornherein ist einleuchtend, daß bei einem so außerordentlich großen Personal die Gehälter aus finanziellen Gründen und mit Rücksicht auf andere Beamten- und Lehrerklassen gewisse mäßig gehaltene Sätze nicht übersteigen können. Die Folge ist, daß ein Richter ohne Vermögen nur unter niederdrückenden Entbehrungen daran denken kann, eine Familie zu begründen und deshalb zum Junggesellentum gedrängt wird, welches natürlich den allseitigen Einblick in die Lebensverhältnisse nicht befördert.

---

[1]) Der jährliche Zuschufs zu den Justizkosten in Preufsen ist auf jährlich etwa 70 Mill. Mark berechnet. (Denkschrift von 1902 über die Ausführung des Gerichtskostengesetzes. Verh. d. Hauses der Abg., Anl. Bd. I.) Nach dem Etat für 1906 hat der Zuschufs um 8851000 Mk. gegen den vorjährigen Etat höher angesetzt werden müssen!

Auch werden bei den steigenden Ansprüchen an repräsentatives Auftreten die Unvermögenden immer seltener in der Lage sein, leitende Stellungen nach der sozialen Seite hin auszufüllen — eine für die Richter wie für die in ihrer Auswahl sehr eingeengte Justizverwaltung sehr üble Lage. Die Vermögenden aber werden, je mehr die Zahl der Richter anschwillt, an Neigung verlieren, in dieses Heer sich einrangieren zu lassen, zumal auch die viel gehörten Klagen über die Subalternisierung der richterlichen Amtsgeschäfte vom Eintritt abschrecken. Die Folge ist dann die weit verbreitete und aus den Traditionen des alten preußischen Militär- und Beamtenstaates noch immer Nahrung ziehende Vorstellung von der größeren Vornehmheit des Verwaltungsbeamten, die — so töricht und verwerflich sie auch sein mag — auf die Auswahlmöglichkeiten der Justizverwaltung gleichfalls ungünstig einwirkt. So wird die große Zahl und die damit verbundene mäßige Besoldung der Richter auch für ihre soziale Stellung und die Anziehungskraft des richterlichen Amtes zu einer bedeutsamen Erschwernis.

IV.

Die englischen und schottischen Einrichtungen auf dem Gebiet der Rechtspflege.

Das englische Gerichtsverfahren und der englische Prozeß ist in den Werken von Gneist, Schuster und neuerdings Weidlich[1]), soweit die Zivilrechtspflege in Betracht kommt, in umfassender Darstellung, hinsichtlich der Strafrechtspflege in kürzerer Schilderung behandelt worden, während das schottische Recht der Gegenwart m. W. noch eines deutschen Bearbeiters harrt. Die im folgenden versuchte, für eine vergleichende Betrachtung unerläßliche Zusammenstellung mußte daher verschiedenartigen Quellen entnommen werden.

Der Schwerpunkt der englischen Rechtspflege liegt bekanntlich in dem Supreme Court of Judicature in England, welcher durch die Judicature Act von 1873 und ihre Ergänzungen von 1875, 1876 und 1879 geschaffen ist und die sämtlichen alten, bis dahin bestehenden höheren Gerichtshöfe (Court of Chancery, King's Bench, Common Pleas, Exchequer, Admiralty, Probate, Matrimonial Causes, Bankruptcy Court) in sich aufgenommen hat. Das Ver-

---

[1]) Vgl. R. Gneist: Das Englische Verwaltungsrecht der Gegenwart in Vergleichung mit den deutschen Verwaltungssystemen, 3. Auflage, Berlin 1883/84, Bd. II, S. 957—1042; dazu die sehr klare und eingehende, auch das Verfahren schildernde Darstellung von E. Schuster, Die bürgerliche Rechtspflege in England. Mit einem Vorwort von Dr. R. Gneist, Berlin 1887; ferner Dr. K. Weidlich, Die englische Strafprozeſspraxis und die deutsche Strafprozeſsreform, Berlin 1906, und J. W. Brodie-Innes, Comparative Principles of the Laws of England and Scotland. Courts and Procedure. William Green & Sons. Edinburgh 1903.

fahren vor ihm ist durch sog. Rules geregelt, welche durch Kommissionen des Supreme Court auf Grundlage der von der Gesetzgebung erlassenen Direktiven ausgearbeitet sind und durch eine bestehende permanente Kommission der obersten Richter dem Bedürfnis entsprechend weiter gebildet werden.

Dieser Supreme Court zentralisiert in sich die gesamte höhere Rechtspflege für England und Wales, welche der Regel nach in dem großen neuen Justizpalast und einigen anderen Gerichtsgebäuden in London, zu einem Teil aber auch in den einzelnen Grafschaften in den zu bestimmten Zeiten stattfindenden Assizes ausgeübt wird. Nur die Gerichtsbarkeit in Konkurssachen (welche augenblicklich der King's Bench Division des High Court zugeteilt ist), ist auf London beschränkt. In den Assisengerichten, in denen abwechselnd sämtliche Richter der King's Bench Division vorsitzen, werden unter Zuziehung von Geschworenen sowohl Zivilsachen als schwere Straffälle, letztere etwa im Umfang unserer Schwurgerichtssachen verhandelt. Für London ist seit 1834 ein besonderer ständiger Central Criminal Court gebildet, an dem die Richter des Supreme Court nur in besonders schweren Fällen, sonst der Recorder oder der Common Serjeant der City oder ein Substitut den Vorsitz führen. Dem Rechte nach ist auch der Lord Mayor der City einer der Präsidenten.

Der Supreme Court besteht aus zwei dauernden Hauptabteilungen, deren eine, der High Court of Justice als erste Instanz und als Rekursinstanz für die unteren Gerichte und deren andere, der Court of Appeal als Berufungsinstanz gegen die Urteile des High Court of Justice fungiert.

In erster Instanz urteilen nur Einzelrichter, in der Rekursinstanz für die unteren Gerichte zwei Richter (divisional Courts), in der Berufungsinstanz bei interlokutorischen Beschlüssen zwei, im übrigen mindestens drei Richter.

Der High Court of Justice besteht aus mehreren Divisions,

von denen die Chancery-Division als Nachfolgerin des alten Court of Chancery nicht nur streitige Sachen, namentlich aus dem Gebiete des interessanten alten Equity-Systems, sondern auch Angelegenheiten der freiwilligen Gerichtsbarkeit, wie Trusts, Nachlaß- und Vormundschaftssachen zu erledigen hat. Ebenso umfaßt die Tätigkeit der Probate, Divorce and Admiralty Division teilweise Angelegenheiten der freiwilligen Gerichtsbarkeit.

Die Zuständigkeit dieses High Court ist eine allumfassende; auch wo unteren Gerichten in gewissem Umfang eine Kompetenz verliehen ist, hat er doch eine konkurrierende Zuständigkeit, so daß tatsächlich alle wichtigen Zivilsachen in erster Instanz vor dem High Court zur Entscheidung kommen. Die Richter sind jedoch berechtigt, die Verhandlung von Klagen an das untere Gericht zu verweisen. Anderseits ist der High Court, in gewissem Umfang jeder einzelne Richter an demselben, berechtigt, durch eine sog. writ of certiorari jede Sache von den unteren Gerichten — übrigens auch von den Verwaltungsbehörden — an sich zu ziehen (Gneist S. 983).

Mit dem Supreme Court sind ausgedehnte Bureaus (Chambers) verbunden, in denen Masters, welche seit fünf Jahren Barristers oder Solicitors sein müssen, Registrars und First Clerks — insgesamt etwa 50 — zahlreiche Geschäfte der Prozeßleitung, den Erlaß von Versäumnisurteilen, Taxierung von Kosten u. a. m. besorgen. Mit gleichen Befugnissen sind auch in den Grafschaften District Registries eingerichtet (59 für die Chancery-Division, 88 für King's Bench-Division, 40 für Probate und 15 für Admiralty Matters), in denen die Klagen eingeleitet und für die Hauptverhandlung vorbereitet werden können.

Der Richter kann auch Hilfspersonen heranziehen, und zwar kann er einmal sachverständige Beisitzer (Assessors) für die ganze Verhandlung berufen — wie dies namentlich oft bei Admiralty matters und Patentstreitigkeiten geschieht — oder er kann Spezialrichter (Referees) mit dem Auftrag versehen, entweder einzelne Streitpunkte zu untersuchen und darüber zu berichten oder aber einzelne Punkte festzustellen und zu entscheiden. Die Entscheidung des Referee hat dann dieselbe Wirkung wie das Verdikt einer Jury. Auch kann ihm der ganze Prozeß zur Entscheidung überwiesen werden, falls alle Parteien einverstanden sind. Am Supreme Court sind drei Official Referees (mit je 1500 £ Gehalt) angestellt, andere geeignete Personen können als Special Referees ernannt werden. Auch kann der Richter für Prozesse, deren Prüfung vor Gericht unzweckmäßig erscheint, einen Schiedsrichter (arbitrator) ernennen.

Über diesem Supreme Court of Judicature in England steht als oberstes Gericht für England und Wales, Schottland und Irland das House of Lords[1]), bei welchem im allgemeinen gegen jede Entscheidung des Court of Appeal Revision — im wesentlichen im Umfang unserer Revision — eingelegt werden kann. An der Entscheidung des House of Lords beteiligen sich nach der Praxis nur solche Peers, welche ein hohes Richteramt bekleidet haben; mindestens drei Lords müssen gegenwärtig sein. Als Berufsrichter sind vier Lords of Appeal in Ordinary angestellt, welche zugleich auch ex officio Mitglieder des Judicial Committee of the Privy Council sind.[1])

Von Interesse ist der Hinweis Schusters (S. 32), daß ursprünglich beabsichtigt war, den neubegründeten Court of Appeal als höchste Instanz einzusetzen und daß die unter dem Ministerium Gladstone erlassene Judicature Act von 1873 dies ausdrücklich bestimmt hatte, daß aber die unter Disraeli erlassene Appellate Jurisdiction Act von 1876 diese Bestimmung wieder aufhob, wobei wohl mehr politische als juristische Gesichtspunkte maßgebend waren.

Unter dem Supreme Court stehen

1. in Zivilsachen die — nach langjährigen leidenschaftlichen Erörterungen — durch Gesetz von 1846 errichteten County Courts, welche nach Gneist (a. a. O.

---

[1]) Als oberster Gerichtshof für die Kolonien, die Kanalinseln, die Insel Man und Indien fungiert das Judicial Committee of the Privy Council.

S. 978) sehr bald die Lieblinge der öffentlichen Meinung wie der Gesetzgebung wurden, so daß ihre Zuständigkeit fortgesetzt weiter ausgedehnt ist und sie nun außer für Forderungsklagen bis zu 100 £[1]) — gegen anfänglich 20 £ — auch für Immobiliar-Besitzklagen, vorausgesetzt, daß weder der Wert des Grundstücks noch der Betrag der jährlichen Rente 20 £ übersteigt, für eine Reihe anderer Grundstücksklagen, für Teilungsklagen, wenn der Streitgegenstand den Wert von 500 £ nicht übersteigt, für Klagen aus dem Haftpflichtgesetz von 1880 (Employer's Liability Act) u. a. m. zuständig sind. Einige Grafschaftsgerichte haben auch die sogenannte Admiralitätsgerichtsbarkeit bei Ansprüchen wegen Bergung und Hilfeleistung in Seenot und wegen Beschädigung beim Zusammenstoß von Schiffen, bei Ansprüchen aus Frachtverträgen u. a. m., bis zu 300 £. In streitigen Nachlaßsachen sind sie zuständig, wenn der Wert des Mobiliarnachlasses 200 £ und der des Immobiliarnachlasses 300 £ nicht erreicht. Sie sind ferner Konkursgerichte für die Grafschaften außerhalb Londons und haben endlich auch in gewissem Umfang die freiwillige Gerichtsbarkeit bis zur Wertgrenze von 500 £.[2])

Bei Streitgegenständen über 8 £[3]) kann jede Partei eine Jury von fünf Personen über die Tatfrage beantragen; bei Gegenständen unter 8 £ kann der Richter sie nach Umständen bewilligen; es wird jedoch verhältnismäßig nicht häufig von der Jury Gebrauch gemacht: im ganzen jährlich in 1000—1500 Fällen (vgl. S. 77).

Bis zu 20 £ entscheidet der C. C. endgültig; über 20 £ ist meist ein Rekurs wegen der Rechtsfrage zulässig.[4]) Dieser Rekurs geht im allgemeinen, wie bereits bemerkt, an die aus zwei Richtern gebildeten Divisional Courts des

---

[1]) Durch County Courts Act von 1908 an Stelle von 50 £ gesetzt.

[2]) Genaueres bei Schuster a. a. O., S. 8—6.

[3]) Durch County Courts Act 1908 an Stelle von 5 £ gesetzt.

[4]) Näheres Brodie-Innes a. a. O., S. 263. („There is no appeal on questions of fact . . . The judgment of the Divisional Court is final, unless special leave by that Court or the Court of Appeal is given to appeal to the latter. No appeal lies from the refusal of the Divisional Court to give leave to appeal.")

High Court — ausnahmsweise gehen jedoch nach den Workmen's Compensation Acts von 1897 und 1900 Appellationen gegen Urteile der County Courts in diesen Sachen an den Court of Appeal.

Jeder County Court Judge, deren Zahl zurzeit 59 beträgt — nach dem Gesetz von 1846 sollen nicht mehr als 60 angestellt werden — wird vom Lord Chancellor für einen oder mehrere County Court Districts — gegenwärtig gibt es deren 543 — ernannt. Neben den County Courts besteht der gleichmäßig organisierte City of London Court. In jedem Distrikt hält der Judge bestimmte Gerichtstage, während die laufenden Geschäfte, die Vorbereitung der Hauptverhandlung und der Erlaß von Versäumnisurteilen sowie auch die Vollstreckung der Urteile der Grafschaftsgerichte von den, vom Grafschaftsrichter vorbehaltlich der Zustimmung des Lord Chancellor zu ernennenden, in den einzelnen Distrikts wohnenden Registrars erledigt werden. In 4 Bezirken (Circuits) darunter Leeds, Liverpool und Birmingham sind 2 Judges angestellt.

Der C. C. Judge muß mindestens 7 Jahre vorher als Barrister berufen, der Registrar als Solicitor zugelassen sein.

Der Registrar kann Bureaubeamte (Assistant Clerks) anstellen, die er aber selbst zu bezahlen hat.

Das Verfahren ist summarisch und nur in den Hauptpunkten gesetzlich festgelegt, während die Einzelheiten — ähnlich wie beim High Court — durch eine Kommission von fünf vom Lord Chancellor ernannten C. C. Judges in der Form von County Court Rules geregelt werden, die jedoch der Revision des Lord Chancellor unterliegen.

2. In Strafsachen, die nicht zur Zuständigkeit der Assisengerichte gehören, entscheiden in den ländlichen Grafschaften keine Berufsrichter, sondern die berühmten „great unpaid“: die der gentry des Landes entnommenen justices of the peace als die Magistrates der County. Sie werden in großer Zahl lebenslänglich für jede Grafschaft vom Secretary of state for Home Affairs ernannt, amtieren aber immer nur zum Teil; jede Grafschaft zerfällt in eine Reihe kleinerer Bezirke (Sessional Divisions), meist im An-

schluß an die Armenverbände, vielfach auch noch an die alten Hundertschaften, und für jeden Bezirk besorgen die in ihm vorhandenen, zur Zeit ihr Amt ausübenden Friedensrichter (acting magistrates) in den je nach Bedürfnis abzuhaltenden Sitzungen, sog. Petty Sessions, unter einem gewählten Vorsitzenden außer den übrigen Amtsgeschäften auch die Aburteilung der kleineren Strafsachen als Courts of Summary jurisdiction. Die Anwesenheit von zwei Friedensrichtern ist für die meisten Sachen notwendig. Diese Sitzungen finden in den von den Grafschaften unterhaltenen, in jedem Bezirk vorhandenen Polizeigebäuden statt unter Zuziehung des als Rechtsbeistand (legal adviser) amtierenden Clerk of the peace, der gewöhnlich ein solicitor ist. Die Polizeibeamten der Grafschaft führen die Angeschuldigten vor und das Verfahren spielt sich in den einfachsten Formen ab. Die Voruntersuchung in mittleren und schweren Strafsachen findet ebenfalls vor den Petty sessions statt.

Die mittleren Strafsachen werden in den Vierteljahressitzungen (Quarter Sessions), zu denen alle amtierenden Friedensrichter einer Grafschaft in dem Hauptort derselben zusammentreten, erledigt, und zwar stets unter Zuziehung einer jury, welche über das „Schuldig“ oder „Nichtschuldig“ zu entscheiden hat. „Dem Namen nach bildet das Plenum der anwesenden Friedensrichter die Richterbank; nach alter Praxis werden aber die Richterfunktionen einem rechtskundigen oder besonders geschäftskundigen Friedensrichter als Chairman überlassen, so daß Form und Verfahren wesentlich mit den ordentlichen Kriminalassisen übereinstimmen“ (Gneist, S. 982). Zwei Friedensrichter müssen jedoch mindestens anwesend sein. Diese Quarter Sessions bilden zugleich die Berufungsinstanz für die Urteile der Petty sessions und der einzelnen Friedensrichter. Doch ist die Berufung keineswegs allgemein zugelassen; „viele neuen Gesetze verfolgen den Grundsatz, die Appellation zu gestatten gegen Urteile über 5 £ Buße oder über einen Monat Gefängnisstrafe; übrigens ist es den Quarter sessions vorbehalten, den Rechtspunkt durch special

Case zur Entscheidung der Queen's (jetzt King's) Bench zu bringen, und neuerdings ist diese Reference an die Reichsgerichte noch erweitert mit Überspringung der Quartalssitzungen." (Gneist, S. 983.) Durch die Berufung wird ein ganz neues Verfahren, a new trial eröffnet.[1])

Die friedensrichterliche Summary jurisdiction ist in neuester Zeit wiederholt ausgedehnt worden, so durch die Inebriates Act 1898 und die Summary Jurisdiction Act 1899.

Ein erheblich anderes Bild zeigt die Strafrechtspflege in den Städten, insoweit als die friedensrichterliche Jurisdiction in Frage steht. Die Städteordnung von 1835, welche die Grundlagen moderner Stadtverwaltung in England durch Einführung gewählter town councils schuf, traf wichtige Bestimmungen auch für die Strafrechtspflege, da infolge mangelhafter Auswahl der Friedensrichter und der in den großen Fabrikstädten hervorgetretenen Schwierigkeiten einer Laienjustiz erhebliche Übelstände unverkennbar geworden waren. Nach zwei Richtungen wandte sich die Reform: sie gestattete einerseits den Städten, „zur regelmäßigen Besorgung der friedensrichterlichen Geschäfte erster Instanz," — also zur Ausübung der Summary Jurisdiction und der Befugnisse in bezug auf die Voruntersuchung bei mittleren und schwereren Delikten — „einen rechtsgelehrten Richter mit der vollen magistraten Amtsgewalt als besoldeten Richter anzustellen (Stipendiary Magistrate). Die Erlaubnis hierzu hat der Staatssekretär for Home Affairs zu erteilen. Die Stadt hat das Gehalt des Richters auf die Stadtkasse zu nehmen. 21 Großstädte haben von dieser Erlaubnis im Laufe des Jahrhunderts Gebrauch gemacht, wie man sieht, eine nicht allzugroße Zahl. Solche Richter müssen wenig-

---

[1]) Th. S. Pritchard. The Jurisdiction, Practice and Procedure of the Quarter Sessions, criminal, civil and appellate. 2nd Edition by J. B. Matthews and V. Gr. Milward. London, 1904, S. 822. Die Criminal Statistics sagen von den Friedensrichtern und besoldeten Polizeirichtern (S. 86): their decisions are subject in most cases to appeal, though in practice, appeals are rare.

stens siebenjährige Advokatenpraxis haben und sind ex officio für ihre Person Friedensrichter. . . . . Aber weit schärfer ging die Reform in bezug auf die Ausübung der Gerichtsbarkeit zweiter Instanz in bezug auf Summary jurisdiction und der Gerichtsbarkeit erster Instanz in bezug auf mittlere Delikte innerhalb der Städte mit eigenen Quarter Sessions vor. Hier wurde der Ersatz des Ehrenamtes durch den Berufsrichter obligatorisch und ausschließlich gemacht. Die Jurisdiktion . . . muß . . . durch einen rechtsgelehrten Richter, den Recorder, ausgeübt werden, dessen Ernennung der Krone zusteht. . . . Er ist ex officio Friedensrichter und nach dem Mayor die höchste Amtsperson der Stadt; er ist auf Lebenszeit angestellt . . . . die Kumulierung mit dem Amte des Stipendiary Magistrate ist nicht gestattet. Die Besoldung empfängt der Rekorder aus der Stadtkasse; ihm obliegt es, als Einzelrichter die volle Gerichtsbarkeit der Quarter sessions innerhalb . . . . des Stadtgebietes zu üben; er ist der regelmäßige Kriminalrichter mit oder ohne Jury in allen jenen Prozessen, für die . . . . der Quartalgerichtshof noch eine kriminelle Jurisdiktion besitzt; er ist der Appellrichter für Beschwerden gegen Orders einzelner Friedensrichter. . . .“[1]) Die Rekorders (mit Ausnahme des Rekorders für London, der eine ganz besondere Stellung einnimmt) sind Barristers und berechtigt, ihre Praxis weiter auszuüben, was auch regelmäßig geschieht. Für den Fall der Verhinderung, Abwesenheit oder Krankheit ernennt der Rekorder einen Stellvertreter (Deputy Recorder). Nach dem Stande von 1894 gab es 105 Städte, mit dem Rechte der Quarter sessions. Besondere Einrichtungen sind wieder für London getroffen. Hier bestehen in der City zwei und im Bezirk des Metropolitan Police District 14 Police Courts. In den beiden ersten sitzt der Lord Mayor oder ein Alderman als ehrenamtliche Magistrates, in dem anderen Berufsrichter, zurzeit 26.

---

[1]) Dr. Josef Redlich. Englische Lokalverwaltung. Leipzig 1901. S. 410.

Außerdem bestehen die County of London Sessions, für welche ein besoldeter Chairman und Deputy Chairman angestellt sind und welche die gewöhnlichen Befugnisse der Quarter Sessions ausüben.

Nach diesem Überblick wird es möglich sein, über das englische Berufsrichtertum zusammenfassende Ziffern zu geben. Sie können freilich nicht ganz genau und einheitlich sein, da mir das Material nicht gleichmäßig zur Verfügung stand. Für den hier verfolgten Zweck aber wird es genügen. Die Angaben über die höchsten Gerichtshöfe, die County Courts und die Londoner Gerichte sind übersichtlich in Whitaker's Almanack, dem bekannten Nachschlagebuch (für 1905, S. 178—184) zusammengestellt, mit Namen aller Richter und den Geburts- und Ernennungsjahren der hohen Richter.

An der Spitze steht der Lord Chancellor, der zugleich Vorsitzender des Oberhauses, Mitglied des Supreme Court, und zwar sowohl des Court of Appeal als der Chancery Division des High Court und Minister ist und als solcher mit den Parteiministern wechselt. Er hat im ganzen ein Gehalt von 10000 £ = 200000 Mk. Ihm folgt im Range der Lord Chief Justice of England mit einem Gehalte von 8000 £. Er ist zugleich Mitglied des Court of Appeal und Vorsitzender der King's Bench Division des High Court.

Dann folgt der Master of the Rolls — ursprünglich, d. h. im Mittelalter der Bureauchef des Lord Chancellor, magister rotulorum —; er ist Vorsitzender des Court of Appeal und bezieht 6000 £.

Die vier Lords of Appeal in Ordinary, d. i. die Berufsrichter des House of Lords (S. 54) erhalten gleichfalls je 6000 £.

Die fünf Lord Justices of Appeal beziehen ebenso wie der gleichfalls dem Court of Appeal angehörige President of the Probate, Divorce and Admiralty Division und alle 22 Justices of the High Court je 5000 £.

Hiernach ergeben sich folgende Zahlen für das Richterpersonal der hohen Zentralgerichte:

Lord Chancellor, Lord Chief Justice of England und Master of the Rolls	3	
Lords of Appeal in Ordinary (House of Lords)	4	
Lord Justices of Appeal	5	34
Justices der Chancery Division	6	
Justices der King's Bench Division	14	
President und Justice der Probate etc. Division[1]	2	

Zu diesen Richtern der höchsten Gerichte[2]) kommen nun hinzu:

Die County Court Judges mit je 1500 £		59
Recorders in den Städten — übrigens nur im Nebenamt richterlich tätig	105	
Stipendiary Magistrates (in Manchester 2) in 21 Städten	22	
1 Recorder mit 4000 £, 1 Common Serjeant mit 2500 £, 3 Judges von 1250—2500 £ und 2 Chairmen der County of London Sessions mit 1500 und 2000 £, an den Londoner Lokalgerichten	7	160
Magistrates an den Metropolitan Police Courts mit je 1500 £, einer mit 1800 £	26	
	insgesamt	253

Außerdem sind an einzelnen Orten noch besondere Gerichtshöfe aus alter Zeit in Tätigkeit geblieben, so z. B. in Manchester der Gerichtshof des Vice-Chancellor of the Duchy of Lancaster, der ein Gehalt von £ 5000 bezieht, ferner in Liverpool ein Court of Passage und an ihm ein mit 1000 £ besoldeter Richter: ich runde daher die obige Zahl auf 260 ab. Sie bleibt immer noch überwältigend

[1]) In Konkursangelegenheiten, die, wie oben erwähnt, für London der King's Bench Division zugewiesen sind, übt ein Richter dieser Abteilung die Hauptgerichtsbarkeit aus. Sehr viele richterliche Funktionen sind aber den fünf Registrars überlassen, welche Gehälter von £ 1200 bis £ 1500 beziehen.

[2]) Zur Beurteilung der Gehälter ist auf die Angaben in Anm. 8 S. 67 zu verweisen.

gering im Vergleich mit den oben (S. 37) gegebenen deutschen Zahlen, auch wenn man sie in dem Verhältnis wie es die Bevölkerungsziffer für 1904 von 59364000 in Deutschland gegen 33763434 in England und Wales erfordert, d. h. im Verhältnis von 5 : 8,8, erhöht. Wir erhalten dann eine Vergleichsziffer von 418.

Aber auch diese Ziffer eignet sich bei genauerer Betrachtung noch nicht zum Vergleich, weil die gesamte untere und mittlere Strafrechtspflege in den ländlichen Grafschaften und kleineren Städten und die untere auch in den größeren Städten — mit Ausnahme von 21 —, wie wir gesehen, durch Laienrichter ausgeübt wird. Allein, wenn wir auch annähmen, daß überall die untere und mittlere Strafrechtspflege nach der Analogie des Metropolitan Police District mit über 4500000 Einwohnern und 33 Richtern verwaltet würde, so ergäbe sich insgesamt hierfür doch kein höherer Bedarf als 250 gegen 160 der obigen Zusammenstellung. Eine Erhöhung der 418 auf etwa 500 würde also genügen — wir können aber auch 530 setzen, so macht das doch gegenüber den deutschen Ziffern keinen wesentlichen Unterschied. Denn diese ergaben einen Gesamtbestand von 8817 Richtern! Und wenn wir auch mit Rücksicht auf die anderweiten Geschäfte der Amtsrichter in Vormundschafts-, Grundbuch-, Register- und anderen Sachen annehmen, daß nur $^1/_3$ der Amtsrichter mit streitiger Gerichtsbarkeit beschäftigt ist, so verändert sich das Gesamtbild auch hierdurch nicht wesentlich: denn alsdann gewinnen wir den Zifferngegensatz von 5382 gegen 530 — also rund zehn mal so viel Richter im Deutschen Reich als in England und Wales.

Ja, allein die Zunahme der deutschen Richter von 1882 bis 1905 betrug — wenn wir wieder nur $^1/_3$ der Amtsrichter anrechnen und das Reichsgericht unberücksichtigt lassen — nicht weniger als 1148, d. h. doppelt soviel als die gesamte vorstehend berechnete Zahl englischer Richter!

Welch' einen Gegensatz bieten gegenüber dieser geradezu erschreckenden Richtervermehrung bei uns die Tatsachen, daß in England die Zahl der County Court Judges seit 1846 trotz des Wachstums der Bevölkerung von rund 18 Millionen in 1851 auf rund 33,7 Millionen in 1904 und trotz erheblicher Ausdehnung der Zuständigkeit überhaupt nicht vermehrt ist, daß in den großen Städten trotz großer Bevölkerungszunahme immer noch ein Recorder die mittlere Strafrechtspflege bewältigt und daß endlich die Richter des Supreme Court of Judicature seit 1873 nur um einen vermehrt sind.

Vielleicht tritt die Gegensätzlichkeit noch schlagender hervor, wenn wir nur die 34 Richter der obersten Gerichtshöfe, die 59 Grafschaftsrichter, die beiden Richter des City of London Court und die — etwa 5 — Richter der alten Zivilgerichte ins Auge fassen, denn diese 100 Richter bewältigen die gesamte Zivilrechtspflege in allen Instanzen, die gesamte Schwurgerichtspraxis (im deutschen Sinn), die Revisionen in Strafsachen und die Verwaltungsstreitsachen.

Man kann die Bedeutung dieser erstaunlichen Ziffern auch nicht dadurch beseitigen, daß man auf die Romanschilderungen über die abschreckende Umständlichkeit und Weitläufigkeit des englischen Gerichtsverfahrens verweist: denn diese beziehen sich auf die Zustände vor den großen Reformen. Diese Reformen haben aber „mit einer bewunderungswürdigen Energie“ [1]) die Reste mittelalterlichen Zopfes beseitigt, das Verfahren vereinfacht und vereinheitlicht und zugleich auch einen Ausgleich zwischen den früher nebeneinander bestehenden Systemen des Common Law und der Equity herbeigeführt, so daß dieser Vorwurf jetzt nicht mehr berechtigt ist.[2]) Natürlich mögen noch immer reformbedürftige Punkte genug vorhanden sein, aber die Energie und das organisatorische Geschick der führenden Kreise von Bench und Bar arbeitet

---

[1]) Gneist in dem Vorwort zu Schuster, die Bürgerliche Rechtspflege. S. IV.

[2]) Vgl. Schuster a. a. O. S. 90 ff. 97 und A. V. Dicey, Lectures on the Relation between Law and Public Opinion in England during the nineteenth Century. London, Macmillan and Co., 1905. S. 125—208. (The Period of Benthamism) bes. S. 204—208.

unausgesetzt weiter, um die Einrichtungen den Bedürfnissen der Gegenwart entsprechend zu gestalten.

Ein zweiter Einwand gegen die Vergleichbarkeit englischer Zustände pflegt damit begründet zu werden, daß — wenigstens auf dem Gebiete des Zivilprozesses — die englische Rechtspflege so teuer sei, daß nur die wenigen reichen Leute davon Gebrauch machen können und infolgedessen natürlich auch nur wenig Richter erfordert werden. Auch dieser Vorwurf trifft wesentlich die Vergangenheit. Es war richtig, daß infolge der Zentralisation und der dadurch herbeigeführten Umständlichkeit und Kostspieligkeit „eine Ziviljustiz für die kleineren Streitigkeiten im täglichen Handel und Wandel so gut wie nicht vorhanden war" und daß „neben dem Gesichtspunkt der Rechtskontrollen der Staatsverwaltung und dem Rechtsschutz der großen Vermögensinteressen die englische Rechtspflege den Rechtsschutz gegen Einzelverletzungen im täglichen Leben hintenangesetzt" hatte. (Gneist, S. 976.) Allein seitdem der Kampf, den Bentham und seine Freunde, vor allem Lord Brougham als „the poor man's friend" in den 30er Jahren für „cheap justice" führten, durch Einsetzung der County Courts erledigt ist, kann sich der Einwand hoher Prozeßkosten nur noch auf den Supreme Court und das House of Lords beziehen, und es mag zugegeben werden, daß die Zahl der Zivilprozesse bei diesen Gerichtshöfen durch den Kostenpunkt erheblich herabgedrückt wird.

Allein offenbar ist hiermit die Bedeutung der so außerordentlich niedrigen englischen Richterzahl noch nicht erledigt. Überdies sind wir in der erfreulichen Lage, ergänzendes Material dadurch gewinnen zu können, daß wir in Schottland[1]) die Einrichtung einer in sich selbständigen, nur der Revisionsinstanz des House of Lords unterworfenen Rechtspflege betrachten, welche nach übereinstimmender

---

[1]) Ausser dem schon angeführten Werk von Brodie-Innes und den Erläuterungen zu den Judicial Statistics of Scotland ist zu verweisen auf Green's Encyclopaedia of the Law of Scotland, ed. by John Chisholm. Mit Supplementbd. 14 Bde. Edinburg, 1896 bis 1904.

Überzeugung der Sachverständigen, die ich befragen konnte, auch in dem Obergericht erheblich billiger ist als in England. Der Blick auf Schottland ist auch deshalb interessant, weil das schottische Recht infolge der engeren Beziehungen, welche fortdauernd zum Kontinent, besonders Frankreich bestanden und auch im Besuch kontinentaler, namentlich auch holländischer Universitäten (Leyden) durch schottische Studenten ihren Ausdruck fanden, zu einem erheblichen Teil römisch-kanonisches Recht in sich aufgenommen hat und auch dadurch der kontinentalen Entwickelung näher steht. Insbesondere ist die schottische Strafrechtspflege der unserigen dadurch ähnlicher, daß sie auch — im Gegensatz zu England — das Institut des Staatsanwaltes (procurator fiscal) kennt.

Der Aufbau der schottischen Gerichtsverfassung unterscheidet sich von der englischen wesentlich dadurch, daß in der ersten Instanz der Sheriff im Mittelpunkt steht. Während der in angelsächsischer Zeit so wichtige Sheriff (shire-gerefa) jetzt aus der eigentlichen Rechtssprechung in England ganz verdrängt ist, so daß Maitland gemeint hat, man könne die Geschichte der Justizverwaltung in England als Geschichte des Decline and Fall of the Sheriff bezeichnen (Schuster a. a. O. S. 44 Anm.), hat in Schottland der Sheriff trotz vielfacher Umwandlungen seiner Stellung sich noch immer als Mittelpunkt der grafschaftlichen Verwaltung und Justiz behauptet. Nach dem Report on the Judicial Statistics of Scotland für 1903 sind in den 33, zum Teil sehr kleinen und dünn bevölkerten schottischen Grafschaften 15 Sheriffs angestellt mit 48 Vertretern, sog. Sheriffs Substitute. Mehrere unter einem Sheriff stehende Grafschaften bilden ein Sheriffdom. Einer der Sheriffs wohnt in Glasgow, die andern in Edinburg, da eine Verpflichtung zum Wohnen in ihrer Grafschaft oder Sheriffdom nicht besteht. Die Sheriffs Substitute müssen in dem ihnen angewiesenen Bezirk wohnen. Juristische Bildung wird von allen verlangt:[1]) sie werden ent-

[1]) Auf die für Vertretungsfälle angestellten Honorary Sheriffs-Substitute ist diese Vorschrift nicht anwendbar.

weder aus den Advocates oder Solicitors entnommen. Die Sheriffs beziehen an Gehalt je nach der Größe des Bezirks 500—2000 £, die Sheriffs Substitute 500—1400 £.

Der Geschäftskreis des Sheriffs ist ein sehr ausgedehnter und umfaßt sowohl Rechtssprechung als verwaltende Tätigkeit (ministerial or administrative and judicial duties). Er ist responsible for the peace of the county and supervises the police establishment, er ist selbst auch Friedensrichter, er beaufsichtigt die Parlamentswahlen und registriert die Wähler, stellt die Jurylisten auf, begleitet die Assisenrichter usw. — Infolgedessen wird der Vorsitz in Zivilsachen selten vom Sheriff selbst wahrgenommen, sondern meist von einem Sheriff Substitute.

Die schottische Gerichtsverfassung zeigt nun folgendes Bild:

I. Gerichte in den Grafschaften:

1. In Zivilsachen ist The Sheriff's Ordinary Court das Hauptgericht und zuständig für alle Geld- und Mobiliarklagen; für Immobiliarklagen nur bis zu einem bestimmten Wertbetrage.

Vom Substitute kann an den Sheriff appelliert werden, bei einem Betrag über 25 £ auch gegen beide an das Obergericht (Court of Session) in Edinburg.

Diese Gerichte werden in 58 verschiedenen Orten abgehalten.

Daneben bestehen

Sheriff's Debts Recovery Courts für Forderungen über 12 £ und nicht über 50 £. Das Verfahren ist summarisch und billig; das Gericht wird vom Sheriff oder dem Substituten in 86 Orten abgehalten und ist sehr populär. Ein beschränkter Appell geht vom Substituten an den Sheriff und von diesem an das Obergericht;

ferner Sheriff's Small Debt Courts für Forderungen unter 12 £ mit gleichfalls summarischem Verfahren und einem beschränkten Appell an das Obergericht; Gericht wird in 109 Orten gehalten;

endlich die Justice of Peace Small Debt Courts, welche in 104 Orten abgehalten werden. Zwei oder mehr Friedensrichter können über Schuldforderungen bis zu 5 £ entscheiden — Rekurs an das Obergericht ist nur wegen malice and oppression on the part of the Justices zulässig.

2. In Strafsachen wird eine Summary jurisdiction sowohl von den Sheriff Courts ausgeübt als von den Friedensrichtern, als welche unter der Assistenz rechtsgelehrter Clerks die Bailies (unbesoldete Stadträte) der Städte fungieren, mit Appell an den High Court of Justiciary; die mittlere Gerichtsbarkeit nur von den Sheriff Courts (after full committal), mit oder ohne Jury.

II. Der seit 1532 bestehende, aus 13 Richtern gebildete Court of Session in Edinburg ist das einzige höhere schottische Gericht in Zivilsachen. Es besteht aus einem Outer House, dessen fünf Richter in erster Instanz — vielfach in Konkurrenz mit den Sheriff's Ordinary Courts — als Einzelrichter judizieren, jedoch unter Ausschluß von Forderungen unter 25 £[1]) und einem Inner House, der Appellinstanz, mit zwei Divisions von je vier Richtern.

Alle Richter werden den Advocates entnommen.

Der Lord President of the whole Court ist zugleich Präsident der First Division of the Inner House und bezieht 5000 £, der Lord Justice Clerk ist Präsident der Second Division und bezieht 4800 £; alle übrigen Richter erhalten gleichmäßig 3600 £.[2])

---

[1]) Näheres bei Brodie-Innes. a. a. O. S. 169—289.

[2]) Zur Beurteilung der Höhe der englisch-schottischen Richtergehälter mögen folgende Vergleichsziffern dienen: £ 5000 erhalten der Prime minister, die Minister des Äussern, des Innern, der Kolonien, für Indien, der Kriegsminister, £ 4500 der First Lord of the Admiralty, £ 2000 die Präsidenten des Board of Trade, des Local Government Board, des Board of Education und anderer Boards; £ 2000 auch die Permanent Under-Secretaries und der Commissioner für das Metropolitan Police Office (Polizeipräsident), £ 1200—1850

Die beiden Präsidenten und alle 11 Richter bilden zugleich das höchste Strafgericht, den seit 1672 bestehenden High Court of Justiciary, und fungieren auch als Vorsitzende der in verschiedenen Orten abgehaltenen Assisengerichte. Ein Rechtsmittel zur Anrufung des House of Lords gegen den Court of Justiciary besteht nicht. (Brodie-Innes. S. 301.)

Das gesamte Berufsrichtertum in Schottland setzt sich hiernach zusammen aus:

Sheriffs, die aber nur zum kleineren Teil in der Rechtspflege beschäftigt sind	15
Sheriffs-Substitute, die auch nur zum Teil in der Rechtspflege beschäftigt sind	48
und Richtern am Court of Session	13
insgesamt	76.

Wenn man auf die anderweite Tätigkeit der Sheriffs und Sheriffs-Substitute keine Rücksicht nimmt und anderseits auch die Zahl der Amtsrichter voll anrechnet, und ferner mit Rücksicht auf die friedensrichterliche Tätigkeit noch 15 Sheriffs-Substitute mehr ansetzt, so ergibt sich, da die schottische Bevölkerung mit 4627656 zur deutschen sich 1904 etwa wie 1 : 13 verhielt, daß nach schottischem Maßstab 13 × 91 (76 + 15) = 1183 Richter im Deutschen Reich sein müßten, während nach S. 37 8817 d. h. etwa 7 1/2 mal soviel vorhanden sind.

Trotz wesentlicher Verschiedenheiten im Aufbau der Gerichtsverfassung und bei niedrigeren Prozeßkosten zeigt sich also in Schottland, wie in England in der Hauptsache das gleiche Bild: eine Bewältigung der Justizgeschäfte mit einer nach unseren Begriffen er-

---

drei Assistant Commissioners; £ 1500 der Direktor des Britischen Museums und £ 1000 der Director der National Gallery; £ 850—1000 Principal Clerks (vortragende Räte) in den Ministerien; £ 600—800 die First Class Clerks, £ 200—500 die Second Class Clerks usw.

staunlich kleinen Zahl von Richtern![1]) Es dürfte daher in der Tat der Mühe wert sein, den Verhältnissen, Einrichtungen und Bestimmungen nachzuforschen, welche es bewirken, daß in England und Schottland mit einem weit geringeren Aufwand von Berufsrichtern eine Rechtspflege geübt werden kann, mit welcher anscheinend die Bevölkerung weit zufriedener ist, als die unserige bei einem gegenüber Schottland 7 $^1/_2$ mal und gegenüber England 10 mal größeren Kraftaufwand!

Sehr bedeutsame Gesichtspunkte sind freilich bereits aus der bisherigen Darstellung unmittelbar hervorgetreten, insbesondere — soweit England in Betracht kommt — die weitgehende Entlastung der Richter durch die Masters, Registrars und andere rechtsgelehrte Bureaubeamte, welchen die ganze Vorbereitung der Hauptverhandlung, der Erlaß der Versäumnisurteile und die Abfassung aller Urteile obliegt. Vermutlich liegt hierin einer der Gründe, welcher die höhere Zahl der schottischen Richter gegenüber der englischen Ziffer erklärt.

Sodann fällt sowohl für England als Schottland in die Augen, daß die erste Instanz immer nur mit einem Richter, die Appellinstanz aber in manchen Fällen nur mit zwei, regelmäßig mit drei Richtern besetzt ist.

Endlich tritt alsbald für beide Länder die starke Beschränkung im Gebrauch von Rechtsmitteln hervor. Schon die weit größere Ausdehnung schwurgerichtlicher,

[1]) Das gleiche Bild bietet das angelsächsische Nordamerika. Vgl. W. Vocke (Attorney und Counsellor at Law in Chicago) Handbuch der Rechtspflege in den Vereinigten Staaten von Amerika. Köln, J. P. Bachem, 1891 und Adolf Hartmann. Die Strafrechtspflege in Amerika. Mit Ausführungen zur deutschen Strafprozeſs. reform. Berlin 1906. Die Gerichtskosten sind in den Vereinigten Staaten meist niedrig, so daſs nach Vocke S. 84 schon der Vorwurf der Beförderung der Prozeſslust erhoben ist. Um so bemerkenswerter ist die niedrige Zahl der Richter. Nach sachverständiger Auskunft sind z. B. im Staat Pennsylvania mit 6500000 Einwohnern im ganzen etwa 100 Richter. Am Supreme Court of P. sind 7 Richter und ihre Zahl ist seit 20 Jahren nicht vermehrt. Ihr Gehalt beträgt $ 10000, das der übrigen Richter $ 6000—8500.

von der Berufung ausgeschlossener Verhandlungen fällt hierbei ins Gewicht; aber auch die Zivilurteile der schottischen Bagatellgerichte wie der englischen County Courts sind zum Teil gar nicht, zum Teil nur in beschränktem Umfange mit Rechtsmitteln anfechtbar.

Allein diese und andere aus der bisherigen Darstellung zu gewinnenden Gesichtspunkte vermögen doch immer nur unbestimmte und undeutliche Vorstellungen von den entscheidenden Verschiedenheiten der englisch-schottischen und deutschen Justizverhältnisse zu geben. Andere Fragen bleiben dabei vollständig im Dunkeln, insbesondere die Fragen, ob etwa der Deutsche so viel prozeßsüchtiger ist als der Engländer und Schotte, und ob etwa eine größere Zahl von Straffällen in Deutschland so viel mehr Richter erfordert.

Es ist daher unvermeidlich, zunächst mit Hilfe der vergleichenden Justizstatistik ein gewisses Maß von Zahlenmaterial zusammenzubringen.

V.

Einige Ziffern aus der Justizstatistik für das Deutsche Reich, England und Schottland.[1])

Der Versuch einer vergleichenden Betrachtung der Justizstatistik von Ländern, welche so große Verschiedenheiten wie das Deutsche Reich auf der einen und England und Schottland auf der anderen Seite sowohl in ihrer Rechtsentwickelung als in ihren wirtschaftlichen und sozialen Verhältnissen aufweisen, bietet naturgemäß große Schwierigkeiten und kann immer nur in beschränktem Umfang zu Ergebnissen führen. Allein auch so beschränkte Ergebnisse scheinen mir wertvoll sein zu können, und ich versuche daher, einige Ziffern zusammenzustellen, wobei ich freilich eine Bitte um Nachsicht wegen meiner nur geringen Vertrautheit mit den Unterlagen der Statistik nicht unterdrücken kann.

Die erste Frage, welche gegenüber der unter IV. geschilderten Verschiedenheit in der Zahl der Richter entsteht, ist wohl die, ob der Umfang der in den verschiedenen Ländern zu bewältigenden Arbeit ein so außerordentlich verschiedener ist.

Bei der Strafjustiz führt ein Vergleich der ergangenen Urteile wohl am einfachsten zum Ziel. Wir finden nun zunächst (S. 208, 216) im Deutschen Reich, daß in der ersten Instanz Urteile ergangen sind:

---

1) Aufser der schon genannten deutschen Justizstatistik für 1905 sind hierbei folgende Hefte benutzt:

1. Judicial Statistics, England and Wales 1908. Part. 1. Criminal Statistics. Part. II. Civil judicial Statistics; edited by Sir John Macdonell, a Master of the Supreme Court.
2. Report on the Judicial Statistics of Scotland for the Year 1908.

von Schwurgerichten	4947
von Strafkammern	99191
von Schöffengerichten	585253
von Amtsgerichten	51592
	740983,

wozu dann freilich noch die richterlichen und auch polizeilichen, ohne Widerspruch gebliebenen Strafbefehle zu zählen wären. Die Statistik macht in dieser Beziehung nur über die richterlichen Befehle folgende Angaben:

Strafbefehle in Forst- und Feldrügesachen	248344,
Anträge auf Erlaß anderer Strafbefehle	558378.

Es werden mithin obigen Ziffern rund 800000 richterliche Strafbefehle zuzuzählen sein, während mir Angaben über die polizeilichen Strafbefehle nicht bekannt sind.

Die entsprechenden Ziffern[1]) sind:

für England (S. 11, 41, 45, 65):

Urteile des High Court . .	4,	
Urteile der Assisengerichte und des Central-Criminal Court	3494	(6149)
Urteile der Quarter Sessions	8043	(14226)
Urteile der Courts of Summary Jurisdiction	767072	(1350046),

für Schottland (S. 43, 77):

Urteile der Assisengerichte (High Court of Justiciary)	161	(2093)
Urteile des Sheriff Court (after full Committal)		
mit Jury	615	(7995)
ohne Jury	1607	(20891)
Urteile der Summary Courts (darunter in den Sheriff Courts 13819).	129742	(1686646)

---

[1]) Die eingeklammerten Summen sind durch Multiplikation der Hauptziffern mit den Verhältnisziffern der Bevölkerung gewonnen: England $\frac{8,8}{5}$, Schottland $\frac{13}{1}$.

Ein Vergleich ergibt also, daß — wenn alle richterlichen Urteile, einschließlich der deutschen Strafbefehle, zusammengerechnet werden — die Gesamtziffer der Strafurteile erster Instanz im Deutschen Reiche die englische zwar übertrifft, der schottischen aber ziemlich gleichkommt, wobei zu bemerken ist, daß die schottische Statistik allein 24650 Straffälle von Trunkenheit aufweist. Eigentliche Urteile sind indessen in Deutschand in erheblich geringerer Zahl ergangen.

Ein großer Unterschied liegt darin, daß die Tätigkeit der Geschworenengerichte in England (Assizes und Quarter Sessions) wie auch in Schottland einen weit größeren Raum einnimmt (11517 und 10088 gegen 4947), und daß in England, wo eine Rechtssprechung rechtsgelehrter Richter allein (ohne Jury) nur in der Summary Jurisdiction stattfindet, unsere Strafkammersachen zum kleineren Teile von den Geschworenengerichten, zum weitaus größten Teil aber in der Summary Jurisdiction erledigt werden, und daß ferner in Schottland zwar eine Parallele unserer Strafkammern in den Sheriff Courts, soweit sie ohne Jury verhandeln, besteht, der größte Teil unserer Strafkammersachen aber gleichfalls in der Summary Jurisdiction erledigt wird. Weit größere Unterschiede treten jedoch hervor, wenn wir fragen, wie viele dieser Urteile erster Instanz in höheren Instanzen angefochten sind.

Es ist oben (S. 39) bereits auf die steigende Häufigkeit der Berufungen in Strafsachen hingewiesen; hier sind auch noch die Revisionen mit zu berücksichtigen.

Nach der Statistik (S. 217, 220) haben die Strafkammern 1903 in der Berufungsinstanz

Urteile gefällt	64502,
darunter 37491 vor 5 Richtern	
und 27011 vor 3 Richtern,	
während von den Strafsenaten der Oberlandesgerichte auf Revisionen gegen erstinstanzliche Urteile	27
	64529

Übertrag	64529
und gegen Berufungsurteile	4580

Urteile ergangen sind.

Das Reichsgericht erließ (S. 231) auf Revisionen gegen Schwurgerichtssprüche	201
und gegen Strafkammerurteile	4905
Urteile; außerdem wurden	439
Beschlüsse über Revisionen erlassen, so daß insgesamt	74654

Urteile in der Berufungs- und Revisionsinstanz ergangen sind, wobei die Belastung der oberen Instanzen durch Beschwerden in Strafsachen (19974 bei den Strafkammern (S. 216) und 6505 bei den Oberlandesgerichten (S. 270) gar nicht in Betracht gezogen ist.

Wie ganz anders in England und Schottland, wo die Statistik geradezu erstaunlich geringe Ziffern verzeichnet, nämlich:

in England:[1])

1. Appellationen an die Quarter Sessions gegen Urteile der Courts of Summary Jurisdiction . . . , ...	191,
2. Urteile des High Court (King's Bench Division)	
auf Appeals etc. from Quarter Sessions und Special Cases	7
auf Appeals etc. from Courts of Summary Jurisdiction	114
im ganzen	312;

in Schottland (S. 68):

Gesamtzahl der vom Court of Justiciary gehörten Appellationen in Strafsachen . .	42

(davon 12 gegen Sheriffs, 27 gegen City oder Burgh Police Courts, 3 gegen Justices of Peace).

Also 312 und 42, oder richtiger — unter Umrechnung in Gemäßheit der höheren deutschen Bevölkerungsziffer — 549

[1]) Criminal Stat., S. 75. Civil Stat., S. 96.

und 546 Anrufungen höherer Instanzen gegen 74654 bei uns!!

Ähnliche Gegensätze treten auch in Zivilsachen hervor.

Allerdings ist die Zahl der bürgerlichen Rechtsstreitigkeiten im Deutschen Reich verhältnismäßig erheblich höher als in England und Schottland, wenn man die Mahnsachen einrechnet.

Im Deutschen Reich sind 1903 anhängig geworden

bei den Amtsgerichten (S. 204).

Mahnsachen	2 024 053
ordentliche Prozesse	1 836 534
Wechselprozesse	239 189
andere Urkundenprozesse	3 379
Verfahren, betr. Arrest und einstweilige Verfügungen	48 709;

bei den Landgerichten (Zivilkammern und Kammern für Handelssachen S. 210):

ordentliche Prozesse	223 009
Wechselprozesse	71 016
andere Urkundenprozesse	2 418
Verfahren, betr. Arrest und einstweilige Verfügungen	20 649

so daß bei den Land- und Amtsgerichten zusammen

an Mahnsachen	2 024 053
an anderen obengenannten Sachen .	2 444 903

anhängig geworden sind; außerdem bei den Landgerichten 18 282 Prozesse in Ehesachen und 202 Prozesse in Entmündigungssachen.

An Endurteilen sind 1903 ergangen (S. 205, 211) auf Versäumnis, Verzicht, Anerkenntnis und zur Erledigung eines bedingten Urteiles

bei den Amtsgerichten	1 178 089	1 327 153
„ „ Landgerichten . . .	149 064	
Andere Endurteile		
bei den Amtsgerichten	243 383	331 393
„ „ Landgerichten . . .	88 010	

Außerdem Beweisbeschlüsse		
bei den Amtsgerichten. . . .	453 621	589 835
„ „ Landgerichten . . .	136 214	

Diesen Zahlen gegenüber bietet England folgende Ziffern: Die Gesamtheit der Proceedings begun in Courts of First Instance wird für 1903 auf 1 457 178 angegeben (S. 41), sie beträgt also, auf die deutsche Bevölkerungsziffer gebracht, 2 564 573, d. i. etwas mehr als die deutsche Ziffer ohne Mahnsachen.[1])

Ganz außerordentlich viel niedriger ist nun aber die Ziffer der englischen Sachen, welche bis zum Urteile gelangen.

Um nicht mit zu vielen Zahlen zu ermüden, beschränke ich mich auf die in den County Courts und in der King's Bench Division erledigten Streitsachen, welche weitaus die größte Masse bilden.[2])

Ich gebe zunächst aus einer vergleichenden Tabelle (S. 53) folgende Zahlen über die County Courts:

	1884	1894	1903
Plaints entered . .	979 141	1 167 886	1 324 643
Equity petitions etc.	240	233	228
Actions remitted from the High Court .	911	1 810	1 460

Über das Schicksal der Plaints[3]) und der Actions remitted from the High Court hören wir dann S. 135 ff. nachstehendes:

Am Anfang 1903 anhängig	95 718
Plaints entered	1 324 643
Actions rem. fr. the H. C.	1 460
	1 421 821.

[1]) Ganz genau decken sich die verglichenen Ziffern nicht; doch ist das für den hier verfolgten Zweck ohne Belang.

[2]) Von den oben genannten 1 457 178 entfielen auf die Chancery Division 7862, auf die King's Bench Division 72 208, Probate actions 195, Divorce and Matrimonial Suits 968 (gegen 18 282 bei uns!), Admiralty Actions 676, County Courts 1 888 795, Lord Mayors Court London 9206 u. s. w.

[3]) Von diesen richteten sich 1 809 978 auf Beträge bis zu 20 £, 18 01C auf über 20 £ bis 50 £ und 1655 über 50 £.

Erledigt without Hearing:		
remitted to the High Court .	16	
Versäumnis- und Anerkenntnis-Urteile	405 820	
abgesetzt oder sonstwie erledigt	447 845	
Judgment on hearing:		
before Registrar	426 875	davon 460 017 für Kläger
„ Judge	42 773	
„ Judge and Jury [1]) . .	934	
Ende 1903 anhängig	97 552.	

Von der ganzen großen Summe von 1 324 643 sind also nur 934 vor Richter und Jury und 42 773 vor dem Richter allein verhandelt, zusammen 43 707 Klagen, d. h. 3,3 %. Alles andere ist außergerichtlich (etwa $^1/_3$) oder von dem Registrar erledigt, also ohne kontradiktorische Verhandlung (832 695 auf Anerkenntnis oder Versäumnis ergangene Urteile). Immerhin ist die durchschnittliche Arbeitslast der 59 County Judges nicht unbedeutend, denn es entfallen auf jeden hiernach $\frac{43\,707}{59} = 740$ Urteile. Und die Sitzungstage der Richter werden auf 10 250 angegeben (S. 135), so daß jeder durchschnittlich 173 Tage für diese Prozesse zu sitzen hatte, wobei zu beachten ist, daß die Tätigkeit in Vollstreckungs-, Konkurs- und anderen Sachen nebenhergeht. In manchen Circuits ist die Zahl der Sitzungstage (S. 143, 149) eine erheblich größere: sie betrug z. B. in Manchester 197, in Lancashire South East 228, und in Liverpool 272.

Die Erledigung der am High Court anhängig gemachten Sachen könnte im einzelnen nur unter Eingehen auf die verschiedenen Arten des Verfahrens nachgewiesen werden; es genügt für den hier verfolgten Zweck der Hinweis, daß auch hier nur ein sehr geringer Teil zur wirklichen Verhandlung kommt.

In der King's Bench Division sind nach S. 79 auf 70 755 writs of summons — mit Bezeichnung des Anspruchs

[1]) Vor der Jury sind verhandelt 1879/83: 1056; 1884/88: 1248,4; 1889/93: 1498,6; 1894/98: 1267,6.

versehene Vorladungen, welche sowohl im Central Office des Supreme Court als in den District registries ausgegeben werden — nur 32442 Streiteinlassungen erfolgt (Appearances entered), während in den übrigen Sachen, soweit sie nicht außergerichtlich zur Erledigung kamen, das Versäumnisverfahren eingeleitet wurde.

Fast die Hälfte der 32442 Fälle, nämlich 14632, ist dann in ein vereinfachtes Verfahren (under Order XIV) verwiesen, in welchem 8359 Urteile ergangen sind (vergl. Schuster § 81).

Zahlreiche andere Fälle werden erledigt, während das Verfahren in den Bureaus (chambers) vor Masters und Registrars weiter geführt wird. Die Zahl der von den letzteren erlassenen Verfügungen beträgt 36065, gegen welche 1519 Appeals an die Richter der King's Bench Division eingelegt sind. Infolgedessen waren 1903 für die Hauptverhandlung nur 4622 Sachen eingetragen (entered for trial S. 80).

Von diesen wurden noch wieder 1237 zurückgenommen oder sonstwie außergerichtlich erledigt, und da 840 am Schluss des Jahres unerledigt blieben, so gelangten im ganzen nur 2545, d. h. 3,5 % der obigen 70755 writs of summons zur Hauptverhandlung. Hierüber gibt folgende Tabelle (S. 80) nähere Auskunft.

Actions tried or otherwise disposed of in Court.

Actions defended	In London and Middlesex	On Circuit	Before Official Referee	Total	
Before a special jury .	845	240	—	585	2417
„ „ common jury .	869	260	—	629	
„ „ Judge without jury . . .	787	239	—	1026	
„ an official referee	—	—	177	177	
Actions undefended					
Before a special jury .	2	8	—	10	128
„ „ common jury .	21	17	—	38	
„ „ Judge without jury . . .	67	13	—	80	
				zusammen	2545.

Insgesamt sind nach Seite 90 31 588 Urteile der King's Bench Division eingetragen (entered), von denen 30 139 zu gunsten des Klägers. Die Urteilssummen waren nicht so hoch, wie man zu denken geneigt ist, denn sie betrugen unter 20 £ in 1583 Fällen, über 29—50 £ in 14 160 und über 50 £ in 14 082 Fällen. Im ganzen wurden durch die Urteile 6 478 696 £ zugesprochen, davon durch Versäumnisurteile 3 426 655 £, durch summary judgments under Order XIV 2 005 078 £, after trial with jury dagegen nur 251 052 £.

Ein zusammenfassender Vergleich der englischen mit den deutschen Ziffern ergibt also, daß

1. die Zahl der deutschen Klagen einschließlich Mahnverfahren erheblich höher ist, als die der englischen, etwa $4^1/_2$ Mill. gegen $2^1/_2$ Mill., daß sie aber bei Abzug der Mahnsachen etwa gleich ist,

2. daß aber die Zahl der auf Grund mündlicher Verhandlung in England ergangenen, von den Richtern selbst erlassenen Urteile sehr gering ist. Sie betrug bei den County Courts nur 43707 und bei der King's Bench Division 2545 gegen 316022 bei Amts- und Landgerichten in Deutschland!

Man darf hiernach jedenfalls annehmen, daß diese zur Verhandlung kommenden Sachen wirklich zweifelhafte Fälle sind.

Um so überraschender ist, daß Berufungen gegen diese Urteile weit seltener sind als bei uns. Denn während in England auf 1000 solcher Urteile der County Courts und der King's Bench Division nur 3,8 und 72 Berufungsverhandlungen entfielen, kamen nach der S. 39 gegebenen Zusammenstellung in Deutschland auf 1000 amts- und landgerichtliche Urteile 248 und 425 Berufungen!

Noch besser erhellt die ungeheure Belastung der höheren Instanzen in Deutschland bei Betrachtung der Gesamtziffern.

Während im Deutschen Reich in der Berufungsinstanz

von den Landgerichten	Versäumnisurteile	9675
	andere Endurteile	44172
von Oberlandesgerichten	Versäumnisurteile	6593
	andere Endurteile	22706
und in der Revisionsinstanz vom Reichsgericht und Obersten Landesgericht Versäumnis- und dergl. Urteile		625
	andere Endurteile	2353
	zusammen	86124
und nach Abzug der 16893 Versäumnisurteile —		69231 Endurteile

erlassen sind — abgesehen von Zwischenurteilen, Beweisbeschlüssen und Beschwerdebescheiden —, verzeichnet die englische Statistik (S. 64, 96) überhaupt nur an erledigten Appeals:

1. bei der King's Bench Division an verhandelten Appeals from County Courts and other inferior Courts in Zivilsachen 167
   von denen 63 für den Appellanten günstig ausfielen.
2. beim Court of Appeal von den County Courts Appeals under the Workmen's Compensation Acts 1897 and 1900 93
   Appeals from other inferior Courts . . . 30
   Chancery Division 260
   King's Bench Division 387
   Bankruptcy 29
   Probate 3
   Divorce 9
   Admiralty 17
   828 — 828

insgesamt 995,

unter denen übrigens 212 Appeals from interlocutory Orders (Zwischenbescheide) waren.

Über die Erledigung der Appeals in der King's Bench Division finde ich keine Angaben in der Statistik; gegenüber den in 1903 beim Court of Appeal erledigten 828 Sachen erfahren wir (S. 64), daß hiervon 106 zurückgezogen oder verglichen, 101 ohne Urteil vom Gerichtshof erledigt und nur 621 Urteile ergangen sind, darunter 42 varied und 186 reversed.

Beim House of Lords endlich gingen vom Court of Appeal in 1903 im ganzen 58 Revisionen ein; Urteile ergingen 43, darunter 2 varied und 11 reversed.

Der deutschen Ziffer von 69231 auf kontradiktorische Verhandlung ergangenen Endurteilen in der Berufungs- und Revisionsinstanz steht also — unter Zurückführung auf die deutsche Bevölkerungsziffer — eine englische Zahl von nur 1751 $\left(995 \times \frac{8,8}{5}\right)$ gegenüber — wobei noch zu bemerken, daß in ihr auch die Appeals from interlocutory orders mit eingerechnet sind.

Und nun zu Schottland!

Die schottische Statistik (S. 118—123, 128, 136) gestattet folgende, auf Seite 81 abgedruckte kurze tabellarische Zusammenstellung der Verhandlungen erster Instanz für 1903 und den Durchschnitt 1899/1903 (letztere in Klammern beigefügt).

Die Gesamtzahl der anhängig gewordenen Sachen — 110604 — ist hiernach verhältnismäßig eine weit geringere als im Deutschen Reich; denn sie beträgt, wenn durch Multiplikation mit 13 auf den Stand der deutschen Bevölkerung gebracht, nur 1 437 852 gegen 2 444 903 im Deutschen Reich, noch dazu bei Nichtberücksichtigung der Mahnsachen.

Auch die Versäumnis- und dergl. Urteile mit 13 × 57 459 = 746 967 bleiben — übrigens der Hauptzahl entsprechend — erheblich unter der deutschen Ziffer von 1 262 051, während die Endurteile in foro mit 13 × 28 788 = 374 244 die deutsche Ziffer von 316022 etwa um $^1/_5$ übersteigen.

Dagegen ist die Zahl der Berufungen und Revisionen auch hier verhältnismäßig sehr klein:

1. Appeals from Sheriff Substitute to Sheriff erfolgten in dem

Übersicht der Klagen und Urteile bei den schottischen Zivilgerichten für 1903 (und 1899/1903).

Name des Gerichts	Eingebrachte Klagen	Zurückgezogen oder sonst erledigt	Urteile	
			In absence	In foro
Justice of Peace Small Debt Court (bis 5 £)	23 794 (22 568)	2 419 (2 321)	15 915 (14 968)	5 336 (5 181)
Sheriff's Small Debt Court (bis 12 £)	71 783 (65 612)	18 016 (16 804)	36 469 (31 996)	17 263 (16 789)
Sheriff's Debt Recovery Court (12—50 £)	6 045 (5 920)	2 153 (2 026)	1 993 (1 873)	1 868 (2 022)
Sheriff's Ordinary Court	6 959 (7 128)	1 306 (1 326)	2 402 (2 464)	3 187 (3 224)
Court of Session, Outer House	2 023 —	382 (349)	680 (656)	1 134 (1 163)
	110 604	24 276 (22 826)	57 459 (51 957)	28 788 (28 379)

Sheriff's Debt Recovery Court (in 92 Fällen Urteil bestätigt).	119	bei 1868 Urteilen des Sheriff Subst. in foro,
Sheriff's Ordinary Court . (in 539 Fällen Urteil bestätigt).	729	„ 3180 „ „
2. Notices of Appeal to High Court of Justiciary from Sheriff's Small Debt Courts (in 4 Fällen Urteil bestätigt).	5	„ 17263 „ „
3. Final judgments des Inner House of the Court of Session auf Appeals from Outer House	117	„ 1134 Urteil. in foro
ferner by Notice of Trial for Jury[1])		
from Outer House . . .	31	
„ Sheriff Court . . .	25	
auf Appeals from Sheriff Court	99	„ 3187 „ „ „
	1125	
dazu		
4. Judgments des House of Lords auf Appeals from the Court of Session	10	
	1135.	

Bei Multiplikation mit 13 gewinnen wir also die Ziffer von 14755 gegen 69231 im Deutschen Reich, wobei zu beachten ist, daß die im Verhältnis zu England (1751) weit höhere Ziffer wesentlich durch die eigenartigen Berufungen vom Sheriff Substitute to Sheriff (848 × 13 = 11 024) bedingt wird.

Neben diesen Berufungen sind vielleicht auch die Reponings zu erwähnen, eine Art von Einspruch gegen Versäumnisurteile; doch sind auch sie nicht zahlreich, denn wir finden nur 17 Fälle beim friedensrichterlichen Verfahren, 380 Fälle bei den Sheriff's Small Debt Courts und 55 bei den Sheriff's Debt Recovery Courts.

[1]) Diese 56 Urteile auf Grund von Verhandlung vor einer Jury wären streng genommen auszuscheiden. — Anträge auf Jury Trial und infolgedessen auf Verweisung an das Inner House sind bei dem Sheriff Court 82 gestellt bei 6959 Klagen.

Versuchen wir nun, die wesentlichsten Ergebnisse aus der langen Reihe verschiedenartiger Ziffern zusammenzustellen, so können wir zunächst die am Schlusse von IV. S. 69 gestellten Fragen mit Bestimmtheit dahin beantworten, daß die große Richterzahl in Deutschland nicht durch eine entsprechend größere Zahl von Strafsachen oder Zivilstreitigkeiten bedingt ist. Denn wenn auch in Schottland die Zahl der anhängig gewordenen Zivilsachen erheblich hinter der deutschen Ziffer zurückbleibt, so ist doch die Zahl der Urteile in foro eher größer.

Ebenso bestimmt ergibt sich aber auf der anderen Seite, daß die Art der Erledigung der Prozesse die deutschen Richter unvergleichlich stärker belastet.

Daß die größere Ausdehnung des schwurgerichtlichen, eine Berufung ausschließenden Verfahrens in England und Schottland die höheren Gerichte naturgemäß entlasten, und daß der gesetzliche Ausschluß der Berufung in zahlreichen Fällen der Summary Jurisdiction in gleicher Weise wirken muß, ist bereits oben S. 69 bemerkt. Völlig überraschend war aber doch der ziffernmäßige Nachweis, daß im Gebiete des Strafrechts in England wie in Schottland Rechtsmittel nur in ganz verschwindendem Umfange auch in denjenigen Fällen angewandt werden, in denen sie zulässig sind. Weidlich hat infolgedessen in seiner oben S. 50 erwähnten Schrift, welche ohne Berücksichtigung der Justizstatistik nur Beobachtungen über den tatsächlichen Zustand geben will, die Berufung gegen Urteile der Friedensrichter geradezu als heute unpraktisch geworden und auch die Rechtsmittel gegen Schwurgerichtsurteile als in der Praxis unbekannt bezeichnet (S. 6, 54, 55).

Dasselbe gilt, wenn auch nicht ganz in demselben Umfang, auch für die Zivilsachen. In einem in Deutschland erstaunlichen Maße ist gegen Urteile der englischen County Courts bis £ 20 regelmäßig jedes Rechtsmittel ausgeschlossen und darüber hinaus nur eine Revision in Rechtsfragen zugelassen, und auch in Schottland sind Urteile der justices of the peace und der Sheriff's Small Debt Courts bis zu £ 12 regelmäßig unanfechtbar. So groß aber auch die Zahl der hiernach durch Rechtsmittel nicht angreifbaren Urteile der summary jurisdiction ist — in Schottland nicht weniger als 22599 von den überhaupt in foro erlassenen 28788 Urteilen —, so bleibt doch auch in dem zugelassenen Umfang der Gebrauch der Rechtsmittel weit hinter den deutschen Ziffern zurück. Die Sheriff's Ordinary Courts weisen nur 99 Berufungen an den Court of Session gegenüber 3187 Urteilen, also etwa 3 % auf, während den 1134 in foro ergangenen Urteilen des Onter House 117 Appeals d. i. 10 % gegenüberstehen. Die Appeals vom Sheriff Substitute an den Sheriff — eine eigenartige Berufung von Einzelrichter zu Einzelrichter — belaufen sich allerdings auf 23 %.

Höchst bemerkenswert ist endlich in England die außerordentlich große Zahl von Zivilsachen, welche nach Anbringung der Klage und vor dem Urteil irgendwie ohne Zuziehung des Richters erledigt werden — sei es, daß hierbei die Furcht vor entstehenden Kosten eine Rolle spielt oder sei es, daß die Anwälte oder Registrars in größerem Maße außergerichtliche Vergleiche herbeizuführen suchen. Es wäre von außerordentlich großem Interesse, wenn von kundiger Seite die Ursachen dieser ebenso bemerkenswerten wie erfreulichen Erscheinung näher dargelegt würden. Vielleicht kann das Verständnis schon durch den Hinweis auf die in Hamburg eingeführten Schätzungskommissionen (unter S. 109. 110) gefördert werden, welche der Abschließung von Vergleichen sehr förderlich sind. —

Die im vorstehenden versuchte Zusammenstellung von Ergebnissen der vergleichenden Justizstatistik[1]) gibt zwar für die Frage, in wieweit die Belastung der Richter in England und Schottland infolge der Art der Erledigung der Prozesse, insbesondere infolge der geringen Inanspruchnahme der höheren Instanzen hinter der Belastung der

---

[1]) Ich habe die englischen und schottischen Ziffern umfassender, als vielleicht nötig war, wiedergegeben, weil sie weiteren Kreisen schwer zugänglich sind und im einzelnen manche interessante Fingerzeige geben.

deutschen Richter zurücksteht, sehr wertvolle Aufschlüsse. Aber weit zahlreicher sind die Fragen, welche hierdurch angeregt, aber nicht erledigt werden, und von denen ich folgende hervorheben möchte:

Wie kommt es, daß die Bevölkerung die weitgehende gesetzliche Beschränkung der Rechtsmittel erträgt oder gar gut heißt?

Und warum wird von den Rechtsmitteln auch da so wenig Gebrauch gemacht, wo sie zugelassen sind?

Worin liegt es ferner, daß die Rechtseinheit im Strafrecht nicht fühlbar leidet, da doch die Zentralgerichte so selten angerufen werden?

Ist insbesondere die Sorge vor hohen Kosten dafür entscheidend, daß Revisionen gegen die Urteile der County Courts auch in Sachen über £ 20 so selten sind? oder ist die Freude am Prozessieren, am „Kampf ums Recht“ wenigstens in Zivilsachen so viel geringer entwickelt als bei uns? und inwieweit hat hierauf die Volkserziehung durch die gesetzlichen Bestimmungen eingewirkt?

Welche Bedeutung ist endlich bei diesen Fragen der Organisation der ersten Instanz im englisch-schottischen Verfahren beizumessen?

Mir scheint, daß zunächst und vor allem die letztere Frage einer eingehenden Erörterung bedarf. Es wird sich dabei Gelegenheit finden, auch die anderen Fragen mit zur Verhandlung zu stellen.

Die Frage der Kosten lasse ich dagegen notgedrungen bei Seite, so wichtig sie auch m. E. ist. Denn nur bei eindringender Kenntnis der bestehenden Vorschriften wie der Praxis, welche mir nach beiden Richtungen abgeht, kann diese Frage mit Erfolg bearbeitet werden. Wir müssen uns hier also mit der Annahme begnügen, daß die außerordentlich geringe Zahl der Anrufungen des High Court gegen Urteile der County Courts zu einem Teile auch in den hohen Kosten der zweiten Instanz, welche gerade bei Sachen von geringerem Wert besonders drückend sind, begründet sein wird. Im übrigen wirken aber hierbei andere Gründe mit, auf die im folgenden einzugehen ist.

VI.

Die Autorität der ersten Instanz in England-Schottland und ihre Ursachen.

In den Protokollen der Kommission für die Reform des Strafprozesses ist bei Besprechung der geschichtlichen Entwickelung des Schwurgerichtes (Bd. I, S. 388, 389) auch die Stellung der englischen Richter kurz gestreift. Die Möglichkeit einer Einrichtung der deutschen Schwurgerichte nach englischem Muster — behufs Beseitigung der ihnen jetzt anhaftenden Mängel — wurde verneint, „da die dortige Institution in der englischen Gerichtsverfassung wurzele, sich aus der geschichtlichen Entwickelung erkläre, im Zusammenhange mit dem ungeschriebenen materiellen Recht stehe und zum erheblichen Teile auf der unbedingten Autorität beruhe, die in England infolge einer jahrhundertelangen Tradition der Richter dem Laien gegenüber besitze."

Eine nähere Prüfung der Ursachen dieser Autorität ist um so mehr geboten, als nach amtlichen Mitteilungen das von der Strafprozeß-Kommission über die Schwurgerichte gefällte Todesurteil erfreulicherweise nicht zur Vollstreckung gelangen soll und also die Frage einer Reform des Schwurgerichts erneuter Behandlung bedarf.

Es ist klar, daß diese allseitig anerkannte Autorität der englisch-schottischen Richter nicht auf äußeren Machtmitteln, insbesondere nicht auf den ganz in richterliches Ermessen gestellten Strafen wegen contempt of court beruhen kann; denn die oft sehr energische Ausübung dieser Macht[1]) würde nicht ertragen werden, wenn sie nicht von einer auf anderen Gründen beruhenden Autorität getragen würde.

---

[1]) Weidlich, a. a. O. S. 28, erzählt hierüber: „So liefs ein Richter einen Anwalt ohne weiteres abführen, welcher ihn in seiner Rechts-

Man ist gern geneigt, diese Autorität von Juristen gegenüber Laien als etwas ganz besonders Englisches, nur aus englischen Verhältnissen Erklärbares hinzustellen. Indessen erschwert man sich hierdurch nur das Verständnis und die Möglichkeit einer ursächlichen Erklärung. Ein Hinweis auf die außerordentlich autoritative Stellung, welche auch bei uns sehr oft die alten und bewährten Anwälte als Ratgeber in großen und kleinen kaufmännischen und industriellen Unternehmungen inne haben, ist daher um so weniger überflüssig, als bekanntlich gerade die englisch-schottischen Richter aus den erfahrensten und anerkanntesten Anwälten heraus gewählt werden.

Was insbesondere und zunächst die Autorität der englisch-schottischen Assisenpräsidenten anlangt, so beruht diese vor allem darauf, daß im Gegensatz zu Deutschland, wo in fortgesetztem Wechsel bald der eine, bald der andere der Landgerichtsdirektoren oder Landgerichtsräte zum Präsidenten ernannt wird, die Richter der King's Bench Division und des schottischen Court of Justiciary ständig mit dem Vorsitz beauftragt werden. Jahre und Jahrzehnte hindurch besuchen diese Richter die einzelnen Grafschaften, um die schweren Straffälle ebenso wie die Zivilsachen abzuurteilen, und wenn einmal eine Vertretung notwendig wird, werden erfahrene Anwälte, die lange schon an diesen richterlichen Reisen teilgenommen haben oder County Court Judges mit dem Vorsitz betraut. Immer also liegt die Leitung der Assisen in den Händen der erfahrensten, angesehensten und bekanntesten Richter oder Juristen, welche überhaupt hierfür zu finden sind.

Allerdings sind ja die Richter der King's Bench und des Court of Justiciary — letztere wenigstens zum Teil — auch nur Richter erster Instanz; aber welch' ein Unter-

belehrung ehrerbietig zu unterbrechen gewagt hatte, um die Aufmerksamkeit seiner Lordschaft auf einen für den Klienten wichtigen Punkt zu lenken. Ein ander Mal wurde der Redakteur einer angesehenen Zeitung wegen einer nach unseren Begriffen sehr zahmen Kritik eines Richterspruches zu hoher Geldstrafe verurteilt."

schied zwischen ihnen und den deutschen Richtern der Landgerichte![1]) Schon die Art der Bemessung der Gehalte — ganz abgesehen von ihrer Höhe — ist bezeichnend. Während infolge der bureaukratischen Organisation des deutschen richterlichen Beamtentums die Richter vom Landrichter bis zu dem Oberlandesgerichtsrat und den Direktoren und Präsidenten der Land- und Oberlandesgerichte stark abgestufte Gehalte beziehen, in Preußen (vgl. oben S. 47, 48) von 3000 Mk. bis 14000 Mk. (darunter Landrichter von 3000—6600 Mk. und Landgerichtsdirektoren und Oberlandesgerichtsräte von 5400—7200 Mk.) und damit auch äußerlich erkennbar zum Ausdruck gebracht ist, daß die Tätigkeit der Landrichter und Landgerichtsräte entweder wegen ihrer Jugend oder ihrer Ungeeignetheit für höhere Stellungen weit niedriger als die Arbeit der Landgerichtsdirektoren und Oberlandesgerichtsräte und diese wieder als die Tätigkeit der höheren Richter gewertet wird, kommt in England wie in Schottland (vgl. S. 60, 67) klar zum Ausdruck, daß die Stellung aller Richter im High Court of Judicature sowie im Court of Session bezw. Justiciary, einerlei, ob sie in erster oder zweiter Instanz judizieren, eine wesentlich gleiche ist und sein soll. Auch die Präsidenten nehmen, abgesehen vom Lord Chancellor und vom Lord Chief Justice of England, nur eine wenig erhöhte Stellung ein. Der Master of the Rolls (Vorsitzender des Court of Appeal) erhält £ 6000, während die 27 Mitglieder des High Court (darunter sowohl die 14 Mitglieder der King's Bench Division als die 5 Mitglieder des Court of Appeal) £ 5000, d. h. das große Ministergehalt beziehen; ebenso erhalten in Schottland, wie oben S. 67 angeführt, die 11 Mitglieder des Court of Session sowohl des Outer als Inner House gleichmäßig £ 3600, die beiden Präsidenten aber £ 4800 und 5000.[2])

[1]) Man denke nur an das Recht der King's Bench, jeden Prozeß niederer Gerichte (Quarter Sessions usw.) an sich zu ziehen und Beschwerden über Verwaltungsbehörden zu hören!

[2]) Über die sorgfältig gehütete Stellung der Richter des High Court im allgemeinen vgl. Gneist a. a. O. II, S. 974. „Zu den per-

Vergegenwärtigt man sich zugleich, daß nach Whitaker's Almanack 1905, S. 178, keiner der Richter der King's Bench Division am 1. Januar 1905 unter 55 Jahre alt war und nur zwei von ihnen mit einem Alter unter 50 Jahren (mit 45 und 47) zu Richtern ernannt waren, so wird man sich nicht mehr wundern, daß diese, in langjähriger Tätigkeit, insbesondere in der Praxis der Assisengerichte bewährten, mit Ministergehalten ausgestatteten Richter erster Instanz eine autoritativere Stellung den Geschworenen, Parteien, Zeugen und Anwälten gegenüber einnehmen, als unsere Schwurgerichtspräsidenten. Während man dort die besten beruft, die man hat, sieht man hier gerade von den am höchsten stehenden, den 28 Oberlandesgerichtspräsidenten und 173 Landgerichtspräsidenten ab.[1])

Nichts scheint mir bezeichnender für die deutsche Auffassung vom Richterberuf gegenüber der englisch-schottischen als diese geringe Wertschätzung schwurgerichtlicher — und überhaupt strafrichterlicher — Tätigkeit. Während in England das Urteil über Tod und Leben und die Ausübung des unendlich schwierigen Amtes gerechter Strafzumessung als die wichtigsten Betätigungen des Richterberufes erscheinen, werden bei uns

---

sönlichen Ehren des Oberrichteramtes gehört die jetzt selbstverständliche Erteilung der Ritterwürde. Ein wichtiger Moment liegt in der Maxime, dafs unter den Richtern keine Beförderung zu einer höheren Stufe oder einem höheren Gehalt stattfindet. Beiläufig bemerkt, findet auch eine Erteilung von Orden an Richter nicht statt. Als Richtertradition gilt sogar der Grundsatz, nur einmal im Leben zu Hofe zu gehen, um sich Ihrer Majestät vorzustellen und zu danken und nachher nicht wieder. Vor allem hält die Ernennung der Richter aus der Advokatenkorporation und ihr fortdauernder Zusammenhang mit derselben Ehrenrücksichten fest, welche bisher eine feste Schranke gegen das Einreifsen eines Parteigeistes bildeten." Eine Wahl zum Haus der Gemeinen ist unzulässig, Schuster a. a. O. S. 41.

[1]) Wie in Nord-Amerika die völlig eigenartigen Verhältnisse die Stellung und den Einflufs der Jury steigerten und den Richter, der zuerst 1816 in Indiana bei Erhebung des Gebietes zum Staat, dann von 1882 an in den mittleren und westlichen Staaten der Volkswahl unterworfen wurde, herunterdrückten, schildert in feinsinnigen Erörterungen Hartmann a. a. O. S. 58—92.

die Zivilkammern und -Senate als Stätten höherer juristischer Leistungen betrachtet, sei es, weil die Ausübung strafrechtlicher Gewalt bei uns so unerfreulich ist oder sei es, weil infolge des übermäßigen Kultus der Begriffsjurisprudenz die Beschäftigung mit den fein ausgebildeten zivilistischen Konstruktionen und Begriffen als die intellektuell höherstehende angesehen wird. Indem aber gerade die Begabtesten die strafrichterliche Tätigkeit meiden, wird für sie die Gefahr der Ausbildung zu zivilrechtlichen Spezialisten, die mit der Art der Erziehung unserer jungen Juristen überhaupt schon gegeben ist, eine besonders große.

Es wäre seltsam, wenn diese mindere Wertung schwurgerichtlicher, wie überhaupt strafrichterlicher Tätigkeit nicht auch im übrigen ihre höchst bedenklichen Folgen hätte. Der englische Gegensatz läßt es am besten erkennen. Denn eben diese Stellung der englisch-schottischen Assisenpräsidenten erklärt m. E. ohne weiteres sowohl die geringe Zahl der gegen Schwurgerichtsurteile eingelegten Rechtsmittel als auch die Grundlosigkeit der Befürchtung, daß die Rechtseinheit darunter leiden könnte. Ihre genaue Kenntnis der Gesetze und der Praxis, sowie ihre enge und fortgesetzte Fühlung mit ihren Kollegen innerhalb der für die ganze Rechtsentwickelung maßgebenden hohen Gerichtshöfe, bei denen die kleine Zahl von Richtern einen steten Gedankenaustausch ermöglicht, sichern ein korrektes Verfahren, eine richtige Rechtsanwendung und damit die Rechtseinheit besser als das durch zahlreiche formale Prozeßvorschriften und ein ausgedehntes Beschwerde- und Revisionsrecht ermöglichte Eingreifen einer höheren Instanz.

Und hierin wird wohl auch ein Hauptgrund dafür liegen, daß die Beteiligten gegenüber den Urteilen der Assisengerichte so selten von den zugelassenen Rechtsmitteln Gebrauch machen, und daß auch im übrigen Berufungen gegen die Urteile des High Court und des Outer House verhältnismäßig selten sind.

Nicht wesentlich anders liegen die Verhältnisse bei den schwurgerichtlichen Verhandlungen der englischen Quarter Sessions und der schottischen Sheriffs. Auch die Sheriffs sind wie die Recorders[1]) und die ehrenamtlichen juristischen Vorsitzenden in den ländlichen Grafschaften hervorragende, in anwaltlicher Tätigkeit langbewährte Juristen, wenn ihnen auch die besonderen, aus der Stellung in dem High Court oder in dem Court of Session entspringenden Informationsmöglichkeiten fehlen. Jedenfalls scheint das Publikum diesen Gerichten dasselbe Vertrauen entgegenzubringen, und vermutlich wird die überaus große Stellung der Assisengerichtspräsidenten in gewissem Sinn auch der Autorität dieser Gerichte mit zugute kommen.

Auch die englischen County Court Judges, welche zwar keine großen Ministergehalte, aber doch die Gehalte der hochangesehenen Masters of the Supreme Court beziehen (£ 1500, vgl. S. 67), sind in anwaltlicher Tätigkeit ausgebildet und zu Ruf und Ansehen gekommen, ehe sie zum Richteramt berufen wurden. Auch sie können daher in keiner Weise mit jungen Amts- oder Landrichtern verglichen werden. Überdies wird die Stellung dieser Richter in wirksamer Weise durch eine Reihe sinnreicher und praktischer Bestimmungen gefördert, auf die noch zurückzukommen sein wird.

Am wenigsten autoritativ scheint unter den englisch-schottischen Berufsrichtern die Stellung des Sheriff-Substitute zu sein, wenn sie auch finanziell der des Sheriff nicht allzufern steht (S. 66). Sie hat sich zu der jetzigen, verhältnismäßig selbständigen und vom Sheriff unabhängigen Stellung erst neuerdings entwickelt und trägt vielleicht noch an den Folgen der früheren Abhängigkeit. Jedenfalls werden gegen die Urteile der Sheriffs Substitute nach S. 83 die meisten Rechtsmittel eingelegt.

Ganz andere Gesichtspunkte kommen zur Geltung, wenn die Gründe der autoritativen Stellung der unbe-

---

[1]) Über ihre Stellung vgl. oben S. 59. In den Criminal Statistics S. 86 werden sie als legal officers of high standing bezeichnet.

soldeten Magistrates, der Friedensrichter in der Summary Jurisdiction (S. 56), untersucht werden. Denn wir werden hier auf Fragen geführt, welche mit dem ganzen sozialen Aufbau der englischen Gesellschaft eng zusammenhängen. Es ist oben (S. 58) schon erwähnt, wie diese ehrenamtliche Arbeit im Sturm und Drang der industriellen Entwickelung im ersten Drittel des vorigen Jahrhunderts in weitem Umfange versagte, und nicht nur K. Marx, sondern auch die radikalen englischen Kreise haben vielfach Spuren von Klassenjustiz in der friedensrichterlichen Tätigkeit zu finden geglaubt und fordern daher die Ernennung von Arbeitern zu Friedensrichtern — was auch unter Gladstone schon vereinzelt geschehen ist und unter dem neuen liberalen Ministerium vielleicht noch häufiger geschehen wird. Im großen und ganzen wird man aber wohl sagen können, daß die soziale Stellung der gentry in den ländlichen Grafschaften und kleineren Städten auch heute noch stark genug ist, um die aus ihr hervorgehenden Friedensrichter mit der erforderlichen Autorität auszustatten.

Sehr bemerkenswert ist aber auch auf diesem Gebiete, wie die in London und in den großen Städten an die Stelle der ehrenamtlichen Friedensrichter getretenen, besoldeten Magistrates (oben S. 59) in vollem Umfang die autoritative, mit außerordentlicher Freiheit des Verfahrens und Urteilens ausgestattete Stellung der alten Friedensrichter auszufüllen verstanden haben. Ich sehe es auch hier als entscheidend an, daß man von vornherein den Hauptwert darauf gelegt hat, erfahrene und angesehene Richter zu gewinnen, die in London den County Court Judges mit £ 1500 gleichgestellt und in anderen Städten vielfach noch höher besoldet sind. Unsere deutschen Polizeipräsidenten und Beamten, welche die Londoner Police Courts besuchen, sind immer von neuem über die souveräne, über jeden Formalismus erhabene, ebensosehr von Energie wie von Wohlwollen und Humor, Lebenskenntnis und dem Sinn für das Wesentliche erfüllte Ausübung des richterlichen Amtes erstaunt, welche sie hier finden, und sie begreifen nicht, wie die 26 Berufsrichter der Metropolitan Police Courts mit Hilfe von 14 Chief Clerks mit regelmäßig £ 420—650 Gehalt nicht nur die ganzen Geschäfte der Summary Jurisdiction in ihrem über 4 Millionen Einwohner betragenden Bezirk, und zwar regelmäßig endgültig erledigen, sondern auch alle richterlichen Vorverhandlungen für die später an die Schwurgerichte gelangenden Fälle zu führen haben[1]) — denn Staatsanwälte und Untersuchungsrichter gibt es in London wie in ganz England nicht.

Mag auch die Kostenfrage im Fall der Berufung oder die Schwierigkeit einer Bürgschaftsgewinnung oder die Sorge vor einer längeren, bis zur nächsten Schwurgerichtssitzung dauernden Haft viele Berufungen ausschließen, so scheint mir die für uns nahezu rätselhafte Seltenheit der Berufung gegen diese Urteile der Summary Jurisdiction, und zwar gleichfalls, ob sie von unbesoldeten oder besoldeten Magistrates erlassen sind, doch immer nur unter der Voraussetzung möglich, daß diese Richter das volle Vertrauen der Bevölkerung besitzen.

Allerdings kommt ihnen, wie den anderen Richtern in Strafsachen, die außerordentliche Einfachheit und Durchsichtigkeit des Verfahrens, das sich völlig in der Öffentlichkeit abspielt, in hohem Maße zugute.

Weidlich schildert a. a. O. S. 56 flg., wie wir in Deutschland zwar ein in die feinsten Einzelheiten durchgebildetes Prozeßrecht, Übernahme jeder Straftat durch den staatlichen Verfolger, möglichste Rücksichtnahme auf die persönliche Freiheit und peinlichstes Eingehen auf jede Behauptung und jeden irgendwie erheblichen Beweisantritt des Beschuldigten haben und durch sorgsam ausgebildete Rechtsmittel schützen, während die Nötigung zur Privatverfolgung in England gar zu oft Rechtsverweigerung bedeutet, das starre Beweisrecht den Angeklagten gefährdet

[1]) Criminal Statistics S. 86. „They conduct the preliminary investigation in those cases . . . If they find there is a primâ facie case they commit the accused to prison to await his trial, or bind him over in recognisance (usually with sureties) to appear at the Assizes or Sessions.“

und die Einleitung des Verfahrens durch Verhaftung unseren Anschauungen von bürgerlicher Freiheit widerspricht, und wie trotz aller bei uns im Übermaß gebotenen Rechtsgarantien unser Strafprozeß hervorragend unpopulär, der englische hervorragend populär ist.

Unser Verfahren ist nach Weidlich S. 60 umständlich und schwerfällig; es ist beherrscht von der Scheu vor der Hauptverhandlung; das Vorverfahren ist geheim und schriftlich und dauert so lange, daß die Strafe den Beschuldigten häufig erst in einem Zeitpunkte trifft, in dem die Strafe einen Teil ihrer Wirkung schon verloren hat: kein Wunder, daß der Beschuldigte ihr dann durch Leugnen, Widerruf früherer Geständnisse, heftige Angriffe auf Zeugen und Sachverständige zu entgehen sucht und dabei vielfach dadurch unterstützt wird, daß die Erinnerung der Zeugen inzwischen verblaßt ist! Den Hauptübelstand sieht Weidlich aber in den noch heute festgehaltenen Überresten des Inquisitionsprozesses,[1]) in der infolgedessen unwürdigen Stellung des Beschuldigten, der immer noch durch die vorgeschriebene Vernehmung als Beweismittel gegen sich selbst benutzt wird, und der unrichtigen Stellung des Staatsanwalts, der lediglich Partei sein sollte, und des Richters, der als Inquirent und Beweisführer wenigstens nach außen erscheint. Die Durchführung des reinen Parteiprozesses und die Reinigung der richterlichen Stellung von aller nicht unmittelbar richterlichen Tätigkeit wird von Weidlich S. 64, 65 daher als die wichtigste aller Reformen bezeichnet, durch welche allein der tiefste Grund des Mißtrauens gegen die Justiz beseitigt werden könnte. Für das bisherige schriftliche Vorverfahren mit seinen Acten, die dem Richter hauptsächlich nur das Material für seine Vernehmung des Beschuldigten und der Zeugen geben sollen und für eine Voruntersuchung ist dann kein Platz mehr (S. 68): der Staatsanwaltschaft als der verfolgenden Partei liegt die

---

[1]) Ebenso v. Liszt in der Nation, 1906, S. 307 flg. — Auch Hartmann, a. a. O. S. 105, 110, 242, 320 fordert Bekämpfung der jetzigen inquisitorischen Tendenz.

Materialbeschaffung ob, wobei allerdings die Verstaatlichung der gesamten, der Staatsanwaltschaft direkt zu unterstellenden Sicherheitspolizei nach dem Muster der englischen Grafschaftspolizei (S. 9 flg. u. 71) vorausgesetzt wird.

Es ist zu bedauern, daß Weidlich nicht Gelegenheit gehabt oder genommen hat, die Stellung des schottischen Staatsanwalts und Richters einer Untersuchung zu unterziehen; vermutlich wäre daraus gerade für seine Auffassung, auf die ich hier nicht näher eingehen kann, mancherlei wertvolles Material zu gewinnen gewesen.[1])

An dieser Stelle war es mir nur von Wichtigkeit, die auf rückhaltloses Vertrauen gegründete und auf ein populäres Verfahren gestützte Stellung des englisch-schottischen Richters durch den Gegensatz des unter allerlei Unfertigkeiten und tiefgehenden gegensätzlichen Auffassungen in den wichtigsten Grundfragen leidenden deutschen Kollegen zur vollen Anschauung zu bringen. Und ich denke, daß die Seltenheit der englisch-schottischen Berufungen in Strafsachen auch durch diese Hinweise verständlicher geworden sein wird.

Man würde indessen die ganze Frage der Berufung in England nicht zutreffend würdigen, wenn man der oben S. 70 nur gestreiften, von alters her so bedeutungsvollen Stellung der englischen Jury nicht noch etwas eingehender gedenken wollte.

Indem Judge und Jury zusammen in allen wichtigeren Strafsachen die erste Instanz bilden, ist auch ihnen beiden gemeinsam die hohe Autorität derselben zu verdanken, und es kann wohl nicht fraglich sein, daß die Endgültigkeit des Juryverdikts — abgesehen von besonderen Fällen — wesentlich dazu beigetragen hat, im Volke die Anschauung zu begründen und immer von neuem zu befestigen, daß eine einmal entschiedene Schuldfrage damit erledigt ist.

In England war aber die Jury bekanntlich von jeher auch ein Teil der Zivilgerichtsverfassung, soweit wenigstens die alten gemeinrechtlichen Gerichtshöfe in

---

[1]) Vgl. Anlage III.

Betracht kamen, im Gegensatz zum Chancery Court, wo der Richter auch über die tatsächlichen Fragen entschied. Und so kam es, daß auch in den Zivilprozessen nach common law die Gewöhnung an die Endgültigkeit des Verdikts eine allgemeine war und nur Rechtsfragen in die höheren Instanzen zu gelangen pflegten.

Mancherlei Mängel in dem Verfahren mit Jury veranlaßten allerdings in neuerer Zeit erhebliche Umgestaltungen. Schuster a. a. O. S. 155 führt aus, wie schon in einem Berichte der Common Law Commissioners von 1853 auf Mißstände hingewiesen war und wie dann von 1854—1883 gesetzlich die allgemeine Verwendung der Jury in common law-Prozessen wesentlich eingeschränkt, zugleich aber die Möglichkeit der Verwendung auch auf Prozesse in der Chancery Division ausgedehnt wurde. Die oben S. 53 genannten Special Referees und Arbitrators sind nun vielfach an die Stelle der Jury getreten, und so hat die Gewohnheit, Fälle ohne Jury zu entscheiden, zugenommen. Geblieben aber ist die Gewöhnung, tatsächliche Fragen mit einer Entscheidung als erledigt anzusehen — wobei indessen diese Entscheidung tatsächlicher Fragen in englischem Sinne zu verstehen ist.[1]).

Hieraus erklärt sich auch die oben S. 55 erwähnte Regelung der Rechtsmittel gegen Urteile der County Courts. Die ausschließliche Zulassung einer revisio in jure war nach den hergebrachten Anschauungen ohne weiteres gegeben, wenn eine Jury mitwirkte; man gab also den Parteien das Recht auf Einberufung einer Jury von 5 Männern; wenn sie dann darauf verzichteten, so war es ihr eigener Wille, und der Richter urteilte endgültig über die Tatfragen.

In Schottland hat die Jury in Zivilsachen seit dem Ausgang des Mittelalters keine Bedeutung gehabt.[2]) Erst

---

[1]) Das Verdikt der Jury gibt bekanntlich nicht nur eine Entscheidung über Tatsachen, sondern stellt zugleich die Höhe der Entschädigung fest: z. B. The jury find for the plaintiff; damages £ 50. Vgl. Schuster a. a. O. S. 168.

[2]) Brodie-Innes a. a. O. S. 17. „In Scotland also (the trial by jury) was the primitive mode of trial in civil cases, but was

1815 wurde versuchsweise (as an experiment) ein Jury Court eingeführt, um gewisse Entschädigungsfälle dort zu verhandeln; 1830 wurde er aber als besonderer Gerichtshof wieder aufgehoben, jedoch bei der Inner Division des Court of Session die Möglichkeit einer Einberufung einer Jury zur Verhandlung der erwähnten Entschädigungsfälle geschaffen. Da an den Sheriff's Courts in Zivilsachen die Jury unbekannt ist, müssen also alle Anträge auf Verhandlung mit Jury an den Court of Session nach Edinburg gerichtet werden (vgl. oben S. 82). Es schien aber wichtig, auf diese schottische Besonderheit auch in diesem Zusammenhange hinzuweisen, damit nicht der Jury für die Fragen der richterlichen Organisation und der Richterzahl eine gar zu große Bedeutung beigemessen wird.

Immerhin kann die Verbindung von judge und jury als ein Verstärkungsmittel für die Stellung der Gerichte im Vertrauen des Volkes angesehen werden.

Das englisch-schottische Recht begnügt sich jedoch nicht mit diesen Einrichtungen; es hat zugleich andere, oben (S. 91) schon angedeutete Wege eingeschlagen, um eine Anrufung oberer Instanzen zu ermöglichen, ohne die Autorität des unteren Gerichts durch Vernichtung seines Urteiles zu schädigen.

Es geschieht dies, indem das untere Gericht selbst dem höheren einen Fall zur Entscheidung vorlegt. Die Formen des Verfahrens sind dabei im einzelnen verschieden.

So haben die englischen Assisen und Quarter Sessions das Recht, zweifelhafte Rechtsfragen dem Court for Crown Cases Reserved vorzutragen. Als Gerichtshof sitzen unter dem Vorsitz des Lord Chief Justice alle Richter des High Court, mindestens aber fünf. Die Statistik für 1903 verzeichnet S. 61 sechs solcher Fälle, einen vom Central Criminal Court und fünf von Quarter Sessions. Gegen diese Entscheidung

---

gradually superseded by the Ecclesiastical Courts; it fell wholly into disuse after the Institution of the Court of Session. A. D. 1532." Vgl. S. 275, 276.

des High Court gibt es kein Rechtsmittel. (Brodie-Innes a. a. O. S. 59, 60.)

In ähnlicher Weise kann in Schottland der Assisenrichter einen Fall vor den gesamten Court of Justiciary bringen. (Brodie-Innes S. 59, 290.)

Ebenso können auch die Petty Sessions durch Statement of a case eine Rechtsfrage vor die King's Bench Division bringen (oben S. 57).

Ein anderer Weg der Entlastung der unteren Gerichte in besonderen Fällen wird dadurch geboten, daß in England die County Courts und der High Court und in Schottland dieSh eriff's Courts und der Court of Session in erheblichem Umfange konkurrierende Gerichtsbarkeit besitzen. Während in Schottland nur in den Forderungsklagen über £ 25 die beiden genannten Gerichte zuständig sind, hat in England der High Court für alle dem County Court seit 1846 überwiesenen Klagen eine konkurierrende Zuständigkeit behalten;[1] allerdings mit sehr sinnreichen Einschränkungen: erstens kann der Richter des High Court unter Umständen eine bei ihm anhängig gemachte Sache an den County Court verweisen, und zweitens treten für den Kläger, der beim High Court einen Prozeß einleitet, für den ein County Court zuständig gewesen wäre, erhebliche Nachteile in bezug auf die Wiedererlangung von Kosten ein, wenn ihm nicht gewisse Minimalsummen zugesprochen werden. (Schuster a. a. O. S. 5, 6.) Indem aber das Recht auf diese Weise, wenn auch unter Beschränkungen, die Anrufung des oberen Gerichts offen hält, werden offensichtlich die einer erweiterten Zuständigkeit des unteren Gerichts etwa entgegenstehenden Bedenken beseitigt und die Leistungsfähigkeit desselben gewissermaßen durch Anbringung eines Sicherheitsventils gesteigert.

In gewisser Verwandtschaft hiermit steht ein eigentümliches englisches Verfahren, das zugleich einen schönen Beweis für das Vertrauen in die Objektivität des Richters und das harmonische und einheitliche Zusammenarbeiten

---

[1]) Brodie-Innes a. a. O. S. 239, 275, 286 flg.

der verschiedenen Gerichte gibt: in zahlreichen Fällen setzt die Einlegung eines Rechtsmittels die Zustimmung des judex a quo voraus. So kann z. B. nach einer gegen das Urteil eines County Court eingelegten Revision beim Divisional Court mit dessen Genehmigung weiterer Appell an den Court of Appeal eingelegt werden; ebenso mit Genehmigung des County Court Judge gegen seine Urteile an den Divisional Court in Fällen, in denen die im allgemeinen vorgeschriebene Revisionssumme von mehr als £ 20 nicht erreicht ist. Bemerkenswert ist auch das schottische Recht, welches einen Appell von Endurteilen des Inner House an das House of Lords nur kennt, wenn entweder die erkennenden Richter nicht einstimmig waren oder den Appell zulassen (with leave of the Court).[1])

Ich schließe hiermit die Ausführungen über die Ursachen der großen Autorität der erstinstanzlichen englisch-schottischen Gerichte und hoffe, hiermit auch das Material zur Beantwortung der am Schluß von V. (S. 84) gestellten Fragen beigebracht zu haben. Im Grunde ist die Antwort freilich immer dieselbe: die Vertrauensstellung dieser Gerichte, welche namentlich in England durch ihre enge Verknüpfung mit der Jury noch verstärkt ist, begründet und erklärt, in Verbindung mit einem zweckmäßig geordneten Verfahren, in letzter Linie das geringe Bedürfnis nach Anrufung der höheren Instanzen. Umfang und Stärke dieses Bedürfnisses im Verhältnis zum deutschen lassen sich in anschaulichster Weise durch folgenden Zifferngegensatz klar stellen:

Im Deutschen Reich sind in der Berufungs- und Revisionsinstanz tätig: 1731 Richter — nämlich 114 am Reichsgericht und höchsten Bayrischen Landesgericht, 651 an den Oberlandesgerichten und $^1/_3$ der Landrichter mit 966 — gegen etwa 13 in England und 8 in Schottland!

[1]) Brodie-Innes a. a. O. S. 268, 801, 814. Schuster, S. 80.

VII.

Die Schädigung der richterlichen Autorität in Deutschland durch die Häufung der Instanzen.

Die Bewältigung fast der gesamten englisch-schottischen Strafrechtspflege durch die erstinstanzlichen Gerichte, vorbehaltlich der von ihnen selbst ausgehenden Anrufung höherer Instanzen zur Entscheidung schwieriger Rechtsfragen, und die gewaltigen Leistungen, welche auch die englisch-schottischen Zivilgerichte erster Instanz an endgültiger Erledigung der Zivilsachen aufzuweisen haben, muß den unbefangenen Beobachter immer wieder mit Bewunderung erfüllen. Die Bewunderung aber wächst, wenn wir uns vergegenwärtigen, daß die großen zentralen Gerichte trotz ihres geringen Personalbestandes und mit verhältnismäßig so seltenem Eingreifen nicht nur die Rechtsprechung auf den Gebieten des Straf- und Zivilrechts unter ihrer Kontrolle halten, sondern zugleich auch mit starker Hand über der Gesetzlichkeit aller öffentlichen Tätigkeit wachen, so daß das gesamte Recht, unter dem Schutz hochstehender Gerichte wohl geborgen, uns in großartiger Einheitlichkeit entgegentritt.

Wie anders im Deutschen Reich!

Wohl haben wir rühmliche und energische Anfänge in der einheitlichen Zusammenfassung unseres Straf- und Zivilrechts gemacht, und die Zeiten sind glücklicherweise vorbei, in denen eine ganze Reihe partikularer höchster Gerichte über dieselben Rechtsfragen verschiedene Urteile fällten.

Allein noch immer sind ähnliche Übelstände bei uns in schwer drückendem Umfange vorhanden. Die geschichtliche Entwickelung hat bei uns dahin geführt, daß die Zivil- und Strafrechtspflege auf der einen und die Verwaltungsrechtspflege auf der anderen Seite von verschiedenen Gerichten geübt wird und daß auf beiden Gebieten sowohl höchste Reichs- als Partikulargerichte bestehen; und da Fragen des Verwaltungsrechts sehr oft neben der verwaltungsrechtlichen auch eine zivil- oder strafrechtliche Seite haben, so kann der Fall eintreten — und er ist tatsächlich oft eingetreten —, daß die für Preußen höchsten Gerichtshöfe: das Reichsgericht, das Bundesamt für Heimatwesen, das Oberverwaltungsgericht und das Kammergericht dieselbe Rechtsfrage in verschiedener Weise entschieden haben. Es leuchtet ein, wie sehr hierdurch die Autorität des Rechtes gefährdet und der Glaube an das, was Recht ist, erschüttert wird. Und doch ist m. W. bislang noch kein Versuch gemacht, diesem auf die Dauer unerträglichen Übelstand abzuhelfen; allerdings wohl aus guten Gründen. Denn so lange die Überlastung anhält, unter welcher namentlich das Reichsgericht infolge verfehlter Einrichtungen leidet, wird in der Tat Abhilfe kaum möglich sein. Um so notwendiger war es, auf diese offene Wunde hinzuweisen, deren Heilung immer mit im Auge behalten werden muß, wenn über die anderweite Organisation des Reichsgerichts verwandelt wird.[1])

---

[1]) Diese Zustände und diese geschichtliche Entwickelung erklären es auch, dafs ein wirkliches und allgemeines Verständnis für die Bedeutung der Richtersprüche des höchsten Gerichts bei uns noch gar nicht vorhanden ist und kaum vorhanden sein kann. Ein fortgesetzter Kampf zwischen Oberlandesgericht und Reichsgericht, wenn ersteres die besseren Gründe für sich zu haben glaubt, ist noch neuerdings im Reichstage (14. Mai 1904. Verh. VI, S. 2967) vom Abg. Dove für verdienstlich und richtig erklärt, auch wenn den Parteien dadurch Kosten erwüchsen. Sonst würde die Ruhe des Kirchhofes eintreten. Und ähnlich hat sich der Abg. Rintelen (VIII, S. 6082) ausgesprochen. Ich finde nicht, dafs in England diese Ruhe eingetreten ist, und doch gilt hier nach Schuster a. a. O. S. XXV, dafs „das Präjudiz eines Gerichtshofs für das nachgeordnete stets, für das beigeordnete meistens bindend ist. Der Richter entscheidet daher nicht nur für den ihm vorliegenden Fall, sondern für alle Fälle, in welchen die gleichen tatsächlichen Umstände obwalten.“ Ebenso berichtet Hartmann a. a. O. S. 47: „In der ganzen amerikanischen Theorie und Praxis gilt der Satz, dafs

Allein, auch wenn man von diesen, zum Teil aus der bundesstaatlichen Zusammensetzung des Deutschen Reiches folgenden, besonders schwierigen Verhältnissen absieht: wie unendlich viel widersprechende Urteile werden bei uns jahraus jahrein in Straf- wie Zivilsachen unter Inanspruchnahme einer geradezu riesigen Zahl von Richtern verschiedener Stellung erlassen, bis endlich eine Sache erledigt ist. Ich erinnere nur daran, daß von 100 Urteilen der Landgerichte nicht weniger als 42 an das Oberlandesgericht gelangen und daß infolgedessen bei mehr als $^{2}/_{5}$ aller Landgerichtssachen zwei mit 3 und 5 Richtern besetzte Gerichte zusammentreten und urteilen müssen. Wenn die Sache etwa ans Reichsgericht kommt, treten weitere 7 Richter hinzu, im ganzen sind also 15 Richter tätig geworden. Und dabei weiß man nie, ob nicht jeweils die Mehrheit der beteiligten Richter gegen die in der letzten Instanz siegreich gebliebene Rechtsansicht gewesen ist.

Man denke ferner an die zahlreichen Fälle, in denen wegen Vernichtung eines Urteils und Rückverweisung dieselbe Sache im ganzen 4 oder 5 Mal abgeurteilt wird — in der Tat ein geradezu niederdrückendes Schauspiel, diese endlos scheinende Jagd nach dem unfindbaren Recht!

Mir scheint es nicht verwunderlich, daß bei dieser Sachlage das Gefühl von der Gerechtigkeit einer Strafe verloren geht, und daß im Publikum der Gedanke entsteht, es sei etwas Unberechenbares an dem, was Recht sei, und der Zufall spiele eine große Rolle dabei, ob die Verteilung der richterlichen Stimmen in den Instanzen sich in der einen oder anderen Weise gestalte. „Einen Prozeß verspielen" ist daher, besonders in plattdeutschen Kreisen, auch der übliche Ausdruck für den Verlust eines Prozesses, und der

der Richter die von den höheren Instanzen seines Staates entschiedene Rechtsfrage bei den folgenden gleichartigen Fällen im Sinn der Vorentscheidung zu behandeln hat." — Die erste Forderung der Gerechtigkeit: gleiches Recht für alle, kann offenbar nur auf diesem Wege erfüllt werden. Vgl. Reichstagskommissionsbericht von 1904. Stenogr. Berichte. Anlagen. Bd. VIII. S. 4532 und oben S. 17 und 88.

viel gehörte Vergleich mit einer Lotterie kennzeichnet die Stimmung der Rechtsuchenden.

Noch schlimmer steht es, wenn in drei Instanzen um Schadensersatz prozessiert wird und nun die sogen. Sachverständigen auf der Bildfläche erscheinen und den Beweis liefern, daß man für jede Festsetzung Gründe — billig wie Brombeeren — finden kann. Wie kann man glauben, daß diese sich widersprechenden Sachverständigenschätzungen der verschiedenen Instanzen, denen die Richter doch nur scheinbar selbständig gegenüberstehen, wirkliche Autorität haben?

Geradezu ungeheuerlich aber wird es im preußischen Enteignungsverfahren, in dem zu den gerichtlichen auch noch die im Vorverfahren vor dem Bezirksausschuß zugezogenen Sachverständigen ihre Schätzung abgeben, so daß gar drei Reihen von Schätzern nacheinander auftreten, ohne daß eine derselben eine höhere Autorität aufweisen könnte.

Die Häufung der Instanzen hat in diesem Fall ihren Höhepunkt erreicht — und doch hat man trotz vieljähriger Arbeit noch nicht die Kraft finden können, an diese, das Rechtsgefühl verwirrenden und erschütternden Zustände die Hand zu legen!

In der Tat, unsere Einrichtungen sind geradezu ein Anreiz zum Anrufen höherer Instanzen und eine Verlockung zum prozessualen Glücksspiel! und es ist bezeichnend genug, daß gerade Deutschland das Land der Prozeßjäger ist, denen die Verfolgung der wechselnden Chancen eines Prozesses einen Hauptteil ihrer Lebensfreuden bildet.

Gewiß ist diese Prozeßliebhaberei weiter Kreise ein Erzeugnis unserer staatlichen Entwickelung: der absolute Staat hat den Gedanken in alle Kreise verbreitet, daß gegen die Kurzsichtigkeit und Mangelhaftigkeit der unteren Behörden der Herrscher und seine höchsten Behörden jederzeit Schutz gewähren.

Und die bureaukratisch-beamtenmäßige Ausgestaltung der Gerichte hat dann in Verbindung mit der Schriftlichkeit des ganzen Verfahrens zu einer Ausbildung der Rechtsmittel geführt, welche den Freund logisch-konsequenten Rechtsbaues mit Behagen erfüllen mochte, während derjenige, dem „die wahre Befriedigung der Lebensbedürfnisse höher steht, Widerwillen bei dem Anblick einer (solchen) Prozeßmaschine empfindet."[1])

Allerdings hat man infolge der Einführung der Mündlichkeit bereits Erhebliches zur Beschränkung des Rechtsmittelunfugs getan, aber die Erkenntnis, daß die Häufung der Instanzen nicht zur Erhöhung, sondern zu einer Gefährdung der Autorität des Rechtes führt, hat doch erst in kleineren Kreisen festen Fuß gefaßt. Jedenfalls haben wir oben S. 20 sehen müssen, daß der Wunsch, eine 3. Instanz zu besitzen, noch neuerdings das Reichsgericht der Zerrüttung nahe gebracht hat, und daß auch die neuesten Reformen ihm noch keine dauernde Genesung sichern.

Höchst interessante Ausführungen für und gegen die Zulassung einer Berufung gegen die Urteile der Strafkammern oder die etwa an ihre Stelle tretenden mittleren Schöffengerichte finden sich in den Protokollen der Strafprozeßkommission (S. 443 flg.). Einstimmig war man nur darin, daß im Falle der Beibehaltung der Schwurgerichte bei diesen die Berufung auch ferner auszuschließen sei; bei den Strafkammern bezw. mittleren Schöffengerichten aber beschloß man ihre Zulassung (mit 14 gegen 6 Stimmen in der ersten Lesung). Ein näheres Eingehen auf alle für und gegen geltend gemachten Gründe liegt natürlich ganz außerhalb des Rahmens meiner Aufgabe. Nachdem aber nun die Beibehaltung der Schwurgerichte, d. i. der einzigen Gerichte, gegen welche keine Berufung zulässig ist, gesichert ist, dürfte es vor allem doch zur ernstesten Erwägung kommen, ob nicht eine Ausdehnung ihrer Zuständigkeit in gewissem Umfange — etwa wie die Quarter Sessions — (unter Überweisung des Restes zur summarischen Jurisdiktion) der Schaffung neuer „mittlerer Schöffengerichte" vorzuziehen wäre. Wir hätten dann eine ganz klare Gliederung: einerseits Amts- und Schöffengerichte mit

[1]) A. Wach. Vorträge über die Reichszivilprozeſsordnung, 2. Aufl., 1896, S. 248, 244.

summarischem Verfahren und Berufung, und auf der anderen Seite Geschworenengerichte für mittlere und schwere Fälle ohne Berufung.[1]) Der Ausschluß der Berufung muß nach allem was bisher in dieser Beziehung ausgeführt ist, als ein so großer Gewinn erscheinen, daß allein aus diesem Grunde ein solcher Aufbau mit Entschiedenheit gewählt und festgehalten werden sollte. Es kommt hinzu, daß die Schwierigkeiten ganz besonders große und mannigfaltige sind, wenn man auf einem der in den Protokollen I, S. 459 flg. erörterten Wege an den Landgerichten sog. mittlere Schöffengerichte und darüber weitere Berufungsschöffengerichte bildet. Die Bedenken aber, welche aus der, gegenüber dem englischen Richter zur Zeit schlecht geregelten Stellung des deutschen Gerichtsvorsitzenden entspringen, werden sich voraussichtlich beseitigen oder doch mildern lassen, wenn die unten noch zu machenden Vorschläge über die Auswahl der Vorsitzenden durchgeführt würden. Ebenso kann aus dem jetzt sehr weitläufigen Vorverfahren kein Bedenken erwachsen, da das englisch-schottische Recht die Möglichkeit beweist, auch mittlere Strafsachen durch Geschworene abzuurteilen.

Im übrigen ist hier nur auf drei in den Protokollen enthaltene Bemerkungen zugunsten der Berufung gegen mittlere Schöffengerichtsurteile hinzuweisen, da sie nach verschiedenen Richtungen hin die Aufmerksamkeit verdienen.

Zunächst erscheint es nach den dargelegten englisch-schottischen Verhältnissen eigentümlich, wenn eine 2. Instanz auch für das Tatsächliche deshalb gefordert wird, weil eine zuverlässige Feststellung des Sachverhalts im Rahmen einer Instanz nicht immer möglich sei. Erst aus dem Urteile lasse sich ersehen, wie das Gericht das Beweismaterial gewürdigt habe, deshalb müßte der Angeklagte die Möglichkeit haben, Einwendungen in einer 2. Instanz vorzubringen (S. 450). Mir scheint, daß diese Argumente viel zu weit gehen, und sich ebensowohl gegen das Schwurgericht wenden. Es ist Sache der Prozeßordnung, bei mittleren

---

[1]) Ebenso v. Liszt in der „Nation“. 1906. Nr. 16, 18, S. 246, 276—278.

wie bei schweren Sachen für genügende Garantien des Verfahrens zu sorgen! Wenn sodann (S. 450, 451) auf die Erfahrungen des Reichsgerichts hingewiesen wird, bei welchem man „nicht ganz selten die tatsächlichen Feststellungen in den Urteilen der Strafkammern für verfehlt ansehe", auch bemerkt habe, daß nach Aufhebung des ersten Urteils und infolge der Belehrung „die Strafkammer in der wiederholten Verhandlung auch in tatsächlicher Beziehung zu einer anderen und richtigeren Auffassung gekommen sei," so daß mit Rücksicht auf die beträchtliche Zahl anfechtbarer Urteile im Laufe der Zeit eine immer größere Zahl der Mitglieder des Reichsgerichts Anhänger der Berufung geworden sei, so bestätigt dies allerdings in vollem Maße die hier vertretene Auffassung von der geringen Autorität der landgerichtlichen Instanz, allein das Heilmittel liegt dann nicht in Einführung einer zweiten Instanz, sondern in einer anderen Zusammensetzung des erstinstanzlichen Gerichts. Unter dem Vorsitz eines Reichsgerichtsrates wäre das falsche Urteil eben nicht gefällt!

Endlich fehlt auch nicht der Hinweis darauf, daß man im Volke den Mangel der Berufung lebhaft empfinde und beklage, und daß vor Einführung der Berufung die Rechtssprechung das nötige Vertrauen nicht wieder finden werde. Es gelte einer seit Jahrhunderten bestehenden gemeinen Rechtsüberzeugung des Volkes Rechnung zu tragen. Wenn gegen die kleinen Schöffengerichte Berufungen zulässig seien, warum dann nicht gegen die mittleren? Die Antwort ist einfach: weil das gründliche Verfahren der Mittelgerichte nicht mit dem summarischen Verfahren der Schöffengerichte in Parallele gestellt werden kann, sondern nur mit dem der Schwurgerichte, und hier — gibt es ja keine Berufung.

In Wirklichkeit ist es eine völlig unbewiesene Behauptung, daß das Volk allgemeinhin ein Verlangen nach der Berufung habe. Freilich, gegen die Urteile der Strafkammern wird sie verlangt, weil man zu diesen nicht das erforderliche Vertrauen hat. Aber darüber hinaus gibt es nur ein Verlangen: nach vertrauenswürdigen Gerichten.

Und auf deren Schaffung kommt es auch in bezug auf die mittleren Strafsachen einzig und allein an.

Alle wirklich aus dem Volk herauskommenden Bewegungen beweisen unwiderleglich die stärkste Abneigung gegen die Verwickelung in kostspielige und langwierige, durch mehrere Instanzen sich hinziehende Prozesse und ein entschiedenes Verlangen nach schneller Entscheidung durch Gerichte, zu denen man Vertrauen hat. Beweis hierfür ist: aus älterer Zeit die Einsetzung der Schwurgerichte und aus neuerer Zeit sowohl die immer häufigere Einsetzung von Schiedsgerichten in Bau-, Lieferungs- und anderen Verträgen, als die Bildung der Gewerbe- und Kaufmannsgerichte, bei denen der wichtigste Punkt eben der ist, daß die Berufung in einem für die Verhältnisse der Beteiligten erheblichen Umfange — 100 Mk. bezw. 300 Mk. — gerade auf ihren Wunsch hin ausgeschlossen ist.

Man lasse also endlich die Bezugnahme auf die in den trübsten Zeiten deutscher Geschichte ausgebildeten Gewöhnungen der Prozeßhanselei und des Querulantenwesens und folge den sich regenden gesunden Instinkten der Gegenwart, welche, in den Bahnen der wahrhaft freien angelsächsischen Vettern wandelnd, vor allem schnelle Justiz und eine vertrauenswürdige erste Instanz verlangt.

Allein, welche Wege bieten sich nun, um in dieser Richtung vorwärts zu kommen? Inbetreff der Strafsachen sind bereits Vorschläge gemacht. Auf dem Gebiete der Zivilsachen aber ist zunächst rückhaltlos anzuerkennen, daß im Interesse der Rechtsuchenden in allen Fällen höchstens zwei Instanzen erforderlich sind, vorausgesetzt nur, daß die Zusammensetzung der Gerichte allen Anforderungen entspricht. Eines weiteren Beweises hierfür wird es nach allem, was bisher ausgeführt ist, nicht bedürfen.

Wohl aber ist andrerseits zu prüfen, ob nicht in zahlreichen Fällen für Tatfragen eine Instanz genügt. Ich denke hierbei namentlich an die oben besprochenen, meist mit Hülfe von Sachverständigen zu erledigenden Schätzungs- und Entschädigungsfragen.

Um gegenüber unseren bisherigen Gewöhnungen eine Vorstellung von einem ganz andersartigen Verfahren zu geben, beginne ich mit der Erzählung eines englischen Enteignungsfalles,[1]) in dem es sich um ganz außerordentlich hohe Werte handelte, nämlich um die in und bei London belegenen Wasserwerke von acht Gesellschaften. In Beendigung eines 50jährigen Kampfes um eine einwandfreie Wasserversorgung war 1902 ein Gesetz angenommen, welches einen „Metropolitan Water Board" schuf und ihm das Enteignungsrecht gegenüber den obengenannten Werken gab. Die Forderungen der Gesellschaften beliefen sich auf nicht weniger als £ 47435380, also fast 950 Millionen Mark, trotzdem bestimmte das Gesetz, daß die Entschädigung durch Schiedsspruch von drei angesehenen, einen Court of Arbitration bildenden Männern — the Right Hon. Edward Fry, Sir Hugh Owen, G. C. B. and Sir John Wolfe Barry, K. C. B. — endgültig, vorbehältlich nur der Entscheidung von Rechtsfragen durch den Court of Appeal und das House of Lords[2]) und der Anfechtung wegen Irrtums usw. in Gemäßheit der Arbitration Act 1889, festgesetzt werden sollte. Die Schiedsrichter formulierten in the form of a special case mehrere kurze Rechtsfragen, z. B. ob ein bestimmtes Gesetz über Tilgungsfonds auf die eine der Gesellschaften anwendbar sei, und bereits bei der Herausgabe des Municipal Year-Book for 1904 waren bei drei Gesellschaften die Rechtsfragen entschieden und der Schiedsspruch gefällt, wonach ihnen statt der geforderten £ 7204144 nur £ 3900000, statt £ 4830000 nur £ 3349500 und statt £ 4200240 nur £ 3524000 zugebilligt wurden.

Dieser Fall, welcher bei uns in Preußen ein jahrelanges Verfahren erfordert hätte, veranschaulicht in vortrefflicher Weise, wie man in England große Dinge behandelt: man beruft die besten und angesehensten Männer, die man haben kann, seien es Schiedsrichter oder Assisen-

---

[1]) R. Donald. The London Manual for 1904, S. VII. u. 156 flg. und Municipal Year-Book of the United Kingdom for 1904, S. 87.

[2]) Der Appeal an das House of Lords ist nach dem Gesetz von 1902 jedoch nur mit Erlaubnis des Court of Appeal zulässig.

präsidenten, gibt ihnen dann aber auch wirklich entscheidende Machtbefugnisse.

Das hier auf Grund eines Spezialgesetzes (sog. private bill) eingeschlagene Verfahren mit Schiedsrichtern kann auch im gewöhnlichen Verfahren Platz greifen, indem der Richter auf Antrag oder von Amts wegen einen Arbitrator bestellt (Schuster, a. a. O. S. 173—181). Der in England bei Entschädigungsfragen herkömmliche Weg ist indessen die Bestellung einer Jury, deren Entscheidung in dem oben S. 95 angegebenen weiten Umfang endgültig ist, soweit nicht in sehr begrenztem Umfange ein Wiederaufnahmeverfahren erfolgen kann (Schuster, a. a. O. S. 196 flg.).

Das deutsche Enteignungsverfahren ist in manchen kleineren Staaten, z. B. in der Freien Stadt Frankfurt a. M., auf Grund eines, dem französischen Recht nachgebildeten Gesetzes von 1856 gleichfalls auf dem Gedanken aufgebaut gewesen, daß eine endgültige Festsetzung der Entschädigung durch Geschworene bessere Garantien biete als der gewöhnliche Rechtsweg. Das Preußische Enteignungsgesetz von 1874 hat freilich dies alte Frankfurter Gesetz aufgehoben und den oben S. 103 geschilderten jetzigen sehr unbefriedigenden Zustand herbeigeführt.

Sehr bemerkenswert wegen der Art und Weise, wie man den als völlig ungenügend erkannten gewöhnlichen Instanzenzug für Enteignungsentschädigungen beseitigt hat, sind neuere Vorgänge in Hamburg. Den Anstoß gaben hier die großen Enteignungen aus Anlaß des Zollanschlusses, zu deren rascher und gesicherter Durchführung man durch Gesetz vom 11. Mai 1883 eine besondere, aus 4 rechtsgelehrten und 24 nichtrechtsgelehrten Mitgliedern bestehende Schätzungskommission einsetzte, um endgültig die Entschädigungen festzusetzen. Die Wahrsprüche dieser, aus sachkundigen Mitgliedern zusammengesetzten Kommission erwarben sich schnell eine solche Autorität, daß durch das neue Expropriationsgesetz vom 5. Mai 1886 für alle Enteignungen eine Schätzungskommission, bestehend aus 3 rechtsgelehrten Mitgliedern des Landgerichts und 18 nichtrechtsgelehrten Mitgliedern zur endgültigen Festsetzung der Entschädigung eingesetzt wurde. Die Kommission ist in Sektionen geteilt, gegen deren Entscheidung an eine aus 2 rechtsgelehrten und 3 nichtrechtsgelehrten Mitgliedern gebildete Abteilung Berufung erhoben werden kann. Diese Bestimmungen sind demnächst auf diejenigen Entschädigungen ausgedehnt, welche auf Grund des Baupolizeigesetzes sowie des Gesetzes betr. den Bebauungsplan vom 30. Dezember 1892 zu leisten sind. Die Zahl der Berufungssachen ist nach Mitteilung von zuständiger Seite sehr gering, dagegen die Zahl der durch Vergleich vor der eigentlichen Verhandlung erledigten Fälle sehr groß. Trotz der von juristischer Seite gegen den Ausschluß des Rechtsweges in der Hanseatischen Gerichtszeitung (Beilage 1 vom 9. Mai 1901) geäußerten Bedenken ist das allgemeine Urteil andauernd günstig.

Die Einfügung solcher aus Juristen und Laien zusammengesetzten Schätzungskommissionen dürfte auch für das gewöhnliche Zivilprozeßverfahren in Erwägung zu ziehen sein, um Schadenersatzforderungen allgemein nach Billigkeit und schnell zu erledigen. Vielleicht könnte nach dem Muster der County Courts den Parteien ein Recht auf Einberufung einer solchen Schätzungskommission gegeben und dabei zugleich bestimmt werden, daß, wenn von diesem Recht kein Gebrauch gemacht wird, der Richter über die Tatfragen in gewissem Umfange endgültig entscheidet.

Doch nicht nur in tatsächlichen Fragen ist eine Häufung der Instanzen vom Übel, auch inbezug auf Rechtsfragen sollte alles geschehen, um die Zahl widersprechender Urteile möglichst niedrig zu halten.

Das mehrfach erwähnte englische, sowohl in Zivil- als Strafsachen angewandte und neuerdings in erweitertem Umfange zugelassene Mittel des Statement of a special case scheint den richtigen Weg zu weisen.

Indem die Petty und Quarter Sessions ebensowohl wie die County Courts und Arbitrators in die Lage gesetzt werden, bestimmt formulierte Rechtsfragen nicht selbst zu entscheiden, sondern einem höheren Richter zu unterbreiten, wird nicht nur die völlig überflüssige Entscheidung des unteren Richters vermieden, sondern auch die Möglichkeit eröffnet, die in der Summary Jurisdiction auftauchenden Rechtsfragen von grundsätzlicher Bedeutung vor den höchsten Gerichten zur Entscheidung zu bringen. Es ist mir immer unverständlich gewesen, warum es nötig sein soll, reine Rechtsfragen von prinzipieller Bedeutung, wie z. B. die Frage, ob gewisse Rechtsgeschäfte stempelpflichtig sind, ob eine Polizeiverordnung gültig ist u. a. m., durch zwei Instanzen zu treiben, ehe das Reichsgericht oder Kammergericht, dessen Anrufung von vornherein nicht zweifelhaft ist, endlich sprechen kann.

Doch genug von diesen Einzelheiten! Denn ich hoffe, den Beweis erbracht zu haben, daß es, und zwar im Interesse einer guten und schnellen Justiz, ebenso nötig wie möglich ist, durch Stärkung der Autorität der ersten Instanz, durch Einschränkungen in der Zulassung von Rechtsmitteln, durch Scheidung von Tat- und Rechtsfragen, durch Zuziehung von Schiedsrichtern und durch mancherlei andere Maßnahmen die jetzt übertriebene Häufung der Instanzen zu vermeiden und dadurch an Richtern zu sparen.

Es gibt aber noch andere Wege zu demselben Ziele; diesen wende ich mich im folgenden zu.

VIII.

Über die Vergeudung richterlicher Kraft in Deutschland und die Mittel zu ihrer Bekämpfung.

In seinem oben S. 8 schon erwähnten Beitrag zu der Kochschen Festgabe schreibt der jetzige Oberlandesgerichtspräsident in Breslau, damalige vortragende Rat im preußischen Justizministerium, Dr. Felix Vierhaus (S. 53, vgl. S. 73): „Es bedarf der ernstesten Prüfung, ob wir nicht — und das gilt auch im Strafprozeß — an einer wahren Vergeudung von Richterkräften leiden. Warum zu einem Versäumnisurteil einfachster Art beim Landgerichte drei Richter erforderlich sind, warum das Reichsgericht zur Zurückweisung einer offensichtlich unbegründeten Revision des Apparats einer mündlichen Verhandlung vor sieben Richtern gebraucht — dafür sind Gründe kaum zu finden. Die bei uns historisch gegebenen Sätze, daß die Mitwirkung einer größeren Zahl von Richtern eine größere Gewähr für ein richtiges Urteil biete, und daß die obere Instanz stets stärker besetzt sein müsse als die vorhergehende, bedürften noch erst des Beweises. In einer Reihe deutscher Kleinstaaten bestand früher die Organisation, daß alle vermögensrechtlichen Streitigkeiten ohne Rücksicht auf den Wert des Streitgegenstandes einzelrichterlicher Entscheidung unterliegen. Vorausgesetzt, daß das Verfahren zweckmäßig geregelt und für eine sachgemäße Ausgestaltung des Rechtsmittelzuges Sorge getragen wird, vielleicht unter Ausschluß aller Rechtsmittel bei Bagatellobjekten,[1]) würde eine solche

[1]) „In Österreich ist in Bagatellsachen (bis zu 50 Fl.) die Berufung nur wegen gewisser grober Rechtsverletzungen zulässig. §§ 501. 448 österr. ZPO.“

Organisation wohl einer eingehenden Erwägung wert sein. Sind doch in England die höchsten Gerichtshöfe zum Teil mit Einzelrichtern besetzt." [1])

Als ich während der oft unterbrochenen Niederschrift dieser Aufsätze vor einigen Monaten auf vorstehende Bemerkungen dieses hervorragenden Sachkenners aufmerksam gemacht wurde, gewährten sie mir eine erquickende Stärkung, und ich freue mich, jetzt auf diese wertvolle Bestätigung meiner Auffassungen Bezug nehmen zu können, indem ich mich, nachdem im vorigen Abschnitt die Vergeudung richterlicher Arbeitskraft durch Instanzenhäufung nachgewiesen ist, nunmehr anschicke, auch den anderen Formen der Vergeudung nachzugehen.

Vierhaus hält die Überlegenheit eines Kollegialgerichtes über den Einzelrichter nicht für erwiesen. Auch mir erscheint es nur als ein alter Aberglaube des Beamtenstaates, daß ein Kollegium an sich und allgemein größere Garantien für gute und gerechte Entscheidungen biete; vielmehr liegt auch für die Frage, ob Einzel- oder Kollegialgerichte, die Entscheidung in den Persönlichkeiten. Ein Kollegium von innerlich völlig selbständigen, auf der Höhe der Besten unter den Richtern stehenden Männern bietet allerdings die stärksten Garantien für eine allseitige Würdigung des Falles, während ungleich zusammengesetzte Kollegien, in denen neben Hochbegabten zugleich Anfänger, Unselbständige und Minderbegabte sitzen, die für höhere Stellen nicht geeignet sind, solche Garantien durchaus nicht gewähren können. Da die Rechtsuchenden die Persönlichkeiten der Richter nicht kennen, und da die Beratung und Entscheidung in geheimer Sitzung erfolgt, weiß man nie, ob nicht der Tüchtige überstimmt und der Untüchtige den Ausschlag gegeben hat. Das Urteil kommt wie aus einer Versenkung heraus und wird von keiner Autorität heischenden und genießenden Persönlichkeit ge-

---

[1]) Soziale und wirtschaftliche Aufgaben der Zivilprozeſsordnung, S. 37—74 der Festgabe der Juristischen Gesellschaft zu Berlin zum 50jährigen Dienstjubiläum ihres Vorsitzenden, Wirkl. Geh.-Rats Dr. Richard Koch, Berlin 1908.

tragen. Dies alles gilt von unseren landgerichtlichen Kollegien, die als Kern der ganzen Gerichtsorganisation gedacht sind, unbedingt: auch hat die Erfahrung bewiesen, daß die starke Besetzung mit 5 Richtern die Strafkammern keineswegs in den Stand gesetzt hat, durch Vortrefflichkeit ihrer Entscheidungen Ansehen zu erwerben (oben S. 105), während die Zivilkammern mit 3 Richtern geradezu die Höchstzahl angefochtener Urteile aufzuweisen haben. (S. 39.)[1] Eine bessere Besetzung der Landgerichte als gegenwärtig ist aber im Hinblick auf das überhaupt vorhandene Richtermaterial völlig ausgeschlossen, und so ist es, zugleich im Hinblick auf die eingehend nachgewiesene Notwendigkeit der Verringerung der deutschen Richterzahl, wohl kein allzuschwerer Schritt, für die erste Instanz grundsätzlich das Einzelrichtersystem einzuführen. Es ist kaum nötig, nochmals auf England und Schottland zu verweisen, wo alle mit Berufsrichtern besetzten erstinstanzlichen Gerichte seit Jahrhunderten auf diesem System beruhen, und wo sowohl die Richter der Police Courts, die County Court Judges und Sheriffs, als auch die Präsidenten der Schwurgerichte, die Richter des High Court und des Outer House of the Court of Session als Einzelrichter sitzen. Ich sehe infolgedessen auch keinen genügenden Grund, die Richterbank im Schwurgericht mit drei Männern zu besetzen, da alle oben dargelegten Gründe auch hier zutreffen und insbesondere auch die Strafzumessung in besseren Händen liegt, wenn sie einem hervorragenden und erfahrenen Richter übertragen wird. (S. 105.) Die Addition von drei ungleichen oder

[1]) Allerdings haben die Berufungen gegen amtsgerichtliche Urteile in stärkerem Verhältnis zugenommen als die Berufungen gegen die Urteile der Zivilkammern (dort 12,2 % in 1881 und 24,8 % in 1903 gegen hier 33,5 % in 1881 und 42,5 % in 1903); allein der deutsche Amtsrichter in seiner jetzigen Gestalt kann nicht als eine maßgebende Verkörperung des Einzelrichterideals angesehen werden, da der zurzeit häufige Erlaß amtsgerichtlicher Urteile durch Anfänger — junge Amtsrichter und Assessoren — den Glauben an die Autorität der Amtsgerichte natürlich nicht zu fördern geeignet ist. Ich werde hierauf unter IX zurückkommen.

mittelmäßigen Männern führt auch hier nicht zu dem Ergebnis eines wirklich bedeutenden.

Ebensowenig kann ich, falls es doch zur Einführung mittlerer Schöffengerichte kommen sollte, ein Bedürfnis oder einen Vorteil in der Berufung mehrerer richterlicher Mitglieder sehen. Sollen denn die Laien in autoritativer Weise entscheiden, wenn die Berufsrichter verschiedener rechtlicher Meinung sind? Wenn auch nur ein Zweifel in dieser Richtung vorhanden sein könnte, sollte man auch hier bedenken, daß die Qualität der Richter entscheidet und diese immer besser wird, je geringer der Bedarf und je größer infolgedessen die Auswahl.

Es mag sein, daß bei der gemeinschaftlichen Beratung Mehrerer eine gewisse gesteigerte Wahrscheinlichkeit für Berücksichtigung aller Gesichtspunkte gegeben ist, obwohl die Erfahrungen (oben S. 106) dringend vor einer Überschätzung dieser Wahrscheinlichkeit warnen. Allein gegen etwaige Versehen des Einzelrichters schützt ja die Berufungsinstanz, die schwerlich öfter als jetzt angerufen werden wird.

Anders liegt die Frage der Einzelrichter für die zweite Instanz. Allerdings haben wir ja in Schottland eine oft benutzte Berufung vom Sheriff Substitute an den Sheriff gefunden; allein gerade diese Einrichtung scheint am wenigsten bedenkenfrei, wie mir auch im Lande selbst mündlich bestätigt ist. Bei Berufungen werden also mehrere Richter zuzuziehen sein — allein auch hier gilt die oben formulierte Voraussetzung, daß nur bewährte und tüchtige Richter zusammenwirken dürfen, und diese Voraussetzung kann allein dadurch erfüllt werden, daß in der Bemessung der Zahl der Richter an den höheren Gerichten äußerste Sparsamkeit geübt wird. Die Ersetzung der landgerichtlichen Kammern durch Einzelrichter wirkt aber sofort in erwünschter Weise auf die Senate der Oberlandesgerichte und indirekt auch des Reichsgerichts ein, da die Besetzungsziffern von 5 und 7 doch nur durch die landgerichtlichen Kammern veranlaßt sind.

Im übrigen sind die englischen Erfahrungen und Einrichtungen auch für die Frage der Zusammensetzung der

Berufungsgerichte in mehreren Beziehungen lehrreich. Zunächst geben sie uns das Beispiel der mit nur zwei Richtern besetzten Divisional Courts in der King's Bench Division, welche unter anderen die Appeals gegen die County Courts zu entscheiden haben;[1]) weiter zeigen sie, daß auch der Court of Appeal bei Beschwerden und Berufungen gegen Zwischenbescheide mit nur zwei und bei Entscheidungen gegen Endurteile mit nur drei Richtern besetzt zu sein braucht; endlich lehren sie, daß auch im House of Lords bei Berufungen gegen den Court of Appeal nur drei Mitglieder der Verhandlung beizuwohnen brauchen (Schuster S. 31, 33).

Die gewöhnliche, schon von Vierhaus in bezug auf ihre Begründetheit skeptisch behandelte Vorstellung, als ob die obere Instanz immer stärker besetzt sein müßte, als die vorhergehende, findet also in dem englischen Recht keine Stütze; wohl aber tritt uns in ihm der Gedanke entgegen, daß je nach der Wichtigkeit der Sache auch eine größere Anzahl von Richtern mitwirken kann; denn die Dreizahl ist nur die unbedingt erforderliche Mindestzahl, während in schwierigen Sachen das Gericht stärker besetzt wird. In einzelnen Fällen ist auch eine größere Mindestzahl vorgeschrieben, wie z. B. fünf bei den Crown cases reserved (vgl. S. 97).

Diese elastischen Bestimmungen scheinen mir eine äußerst glückliche Lösung der für uns, die wir an einförmige Bestimmungen und immer schematisch gleiche Besetzungen der Gerichte gewohnt sind, seltsam schwierigen Aufgabe: für jeden Fall die seiner Bedeutung angemessene Besetzung des Gerichtes herbeizuführen, unter tunlichster Festhaltung des Prinzips äußerster Sparsamkeit im Gebrauch richterlicher Kraft.

Die so viel verhandelte Frage der zweckmäßigen Organisation des Reichsgerichts, für welche man bisher eigentlich nur nach kontinentalen Vorbildern Umschau

[1]) Auch bei den Friedensrichtern gilt von altersher allgemein, dafs — abgesehen von einzelnen kleinen Sachen — mindestens zwei einer Verhandlung beiwohnen müssen.

gehalten hat, dürfte sich auf diesem Wege — wenigstens zu einem erheblichen Teile — unschwer lösen lassen. Statt eine besondere Einrichtung nach dem Muster der Chambre des requêtes zu versuchen, brauchte man nur — vorbehaltlich der technischen Ausgestaltung und Formulierung — die Mindestzahl der für eine Entscheidung erforderlichen Mitglieder auf drei festzusetzen und dem Senatspräsidenten die Einberufung einer größeren Zahl nach Maßgabe einer für gewisse Perioden festgesetzten, jede Willkür ausschließenden Reihenfolge in den von den Referenten für zweifelhaft erklärten Fällen zur Pflicht zu machen. Auf diese Weise ist dem auch von Vierhaus und Spahn[1]) betonten, jetzt ganz unverhältnismäßigen Kraftaufwand gegenüber den zahlreichen offensichtlich unbegründeten Revisionen und Beschwerden Abhilfe geschafft, ohne Aufgabe einer der erforderlichen Garantien und ohne, daß die im Reichstag vom Staatssekretär Dr. Nieberding gegen die Vorprüfung und andere Entlastungsvorschläge erhobenen Bedenken[2]) hier, so weit ich

[1]) Sten. Ber. Reichst.-Verh. v. 1. 3. 1904. Bd. II, S. 1418. „Wir sind bei den Beschwerden, die uns mindestens eine Stunde, in manchen Senaten mehrere Stunden bei jeder Sitzung in Anspruch nehmen, mit solchen Kleinigkeiten belastet, dafs die Beratung eines siebenmitgliedrigen Kollegiums über solche Bagatellsachen zum Spott herausfordert. Aber generell alle Beschwerden abzuschneiden in den nicht revisiblen Sachen, hat auch wieder Bedenken, weil viele Beschwerden Fragen betreffen, die für die Entscheidung des Rechtsstreites von ausschlaggebender Bedeutung sind, und es wird deshalb, wenn man diesem Gesichtspunkte näher treten will, eine Auswahl unter den Beschwerden durch sorgfältige Prüfung getroffen werden müssen. Ich will übrigens bemerken, dafs der Erfolg der Beschwerden ein sehr geringer ist: von 1986 Beschwerden, die das Reichsgericht im Jahre 1903 zu entscheiden hatte, sind nur 285, also nicht einmal der neunte (rect. achte) Teil, für begründet erachtet worden." — Es ist ein schlechter Beweis für deutsches Organisationstalent, dafs man in übel angebrachter Geduld und Ängstlichkeit jahraus jahrein die besten richterlichen Kräfte der Nation in dieser Weise mifsbraucht und vergeudet. — Für Beschwerden würden auch zwei Richter genügen, wie beim Court of Appeal. Vgl. übrigens Vierhaus oben S. 112.

[2]) Stenogr. Berichte 1879/80. Anl. Bd. III, S. 2111.

sehe, zutreffen. Die Ersparnis an richterlicher Arbeitskraft, welche auf diesem Wege bei den Landgerichten, den Oberlandesgerichten und dem Reichsgericht erzielt würde, wäre offenbar eine ganz gewaltige. Denn an den Landgerichten würden dann in erster Instanz — in Zivil- wie Strafsachen — nur Einzelrichter urteilen, von denen zur Entscheidung von Berufungen auf amtsgerichtliche Urteile zwei, nach dem bewährten, wenn auch zunächst fremdartig anmutenden Muster der Divisional Courts zusammentreten; und nur, wenn sie einig sind, kann das erstinstanzliche Urteil aufgehoben oder verändert werden.[1])

Die Senate der Oberlandesgerichte würden bei Beschwerden nur mit zwei, bei Berufungen nur mit drei Mitgliedern besetzt sein, und auch die reichsgerichtlichen Urteile von einer Mindestzahl von drei Mitgliedern erlassen werden können.

Die Entlastung des Reichsgerichtes wird natürlich noch erheblicher werden, wenn man sich (vgl. oben S. 30) entschließt, die Halbheit der jetzigen Revision zu beseitigen und die Anrufung des höchsten Gerichtshofs nur noch im Interesse der Rechtseinheit zuzulassen. Hierauf wird unter IX zurückzukommen sein.

Die bisherigen Erörterungen schließen das weite Thema der Vergeudung richterlicher Kraft noch keineswegs ab.

Vor allem gilt es, das Verfahren durchweg umzugestalten, das „Prinzip“ der Mündlichkeit als solches auszutreiben und Mündlichkeit und Schriftlichkeit je nach Bedürfnis dort zu verwenden, wo sie dem Zweck rascher und sicherer Prozeßführung am besten entsprechen. Daß auch in dieser Beziehung das Studium der so außerordentlich eigenartig gestalteten englisch-schottischen Einrichtungen sehr förderlich sein und der Blick für das wesentliche durch die Betrachtung des andersartigen am besten geschärft werden wird, ist in hohem Maße wahrscheinlich. Ein so praktisches Volk mit so hervorragender Organisationskraft und mit seiner seit Jahrhunderten ausgebildeten Gewöhnung

[1]) Die schöffengerichtliche Berufungsinstanz lasse ich hier aufser Betracht.

an die mündliche Verhandlung wird voraussichtlich nicht nur für den Strafprozeß (oben S. 94), sondern auch für den Zivilprozeß und zwar besonders für die richtige Abgrenzung des schriftlichen und mündlichen Verfahrens lehrreiches bieten. Uns ist die Mündlichkeit doch immer noch etwas verhältnismäßig neues, und die bisher damit gemachten Versuche haben wohl im Wege der Erfahrung[1]) den Beweis erbracht, daß sie in jetziger Gestalt undurchführbar ist.[2]) Sachkundige englische Beobachter, die auch den deutschen Zivilprozeß kennen, vermissen bei uns besonders die energische Hinführung der Parteiverhandlungen auf die Hauptverhandlung und die Herausarbeitung der streitigen Punkte für die richterliche Entscheidung. Das englisch-schottische Verfahren wird aber für den theoretisch gebildeten deutschen Juristen um so lehrreicher sein müssen, als es ohne jeden Anspruch auf Wissenschaftlichkeit lediglich aus praktischen Erwägungen hervorgegangen ist und dem hervortretenden Bedürfnis entsprechend von den Gerichten selbst weitergebildet wird (oben S. 52, 56). Vierhaus spricht gewiß aus eigener Erfahrung heraus, wenn er (S. 59) sagt: „dem dialektisch geschulten, an analytische Methode gewöhnten Juristen bleibt die Gefahr nicht erspart, um der Schönheit und Reinheit des Prinzips willen, Formen für wesentlich zu halten, die es im Hinblick auf den materiellen Zweck nicht sind, oder gar formalistische Folgerungen als richtig und notwendig zu betrachten, die hemmend und störend den eigentlichen Prozeßzweck schädigen.“

Bei solcher Geistesrichtung kommen dann Prozeßgesetze zustande, welche den wirtschaftlichen Zwecken, denen sie dienen sollen, infolge beschämender Langsamkeit

---

[1]) Es ist ein offenes Geheimnis, dafs in Berlin und andern grofsen Städten keine Mündlichkeit mehr existiert.

[2]) Die alte Schriftlichkeit wirkt auch noch in der Gestalt unserer Akten nach. Die englisch-amerikanischen Akten sind dagegen aus einem mündlichen Verfahren hervorgegangen und sollten daher eingehendem Studium unterzogen werden. Vgl. Hartmann a. a. O. S. 193—195.

und endloser Vertagungen durchaus nicht gerecht werden (Vierhaus, S. 67—70) und zugleich, wie mir von richterlicher Seite versichert ist, die richterliche Arbeitskraft in sehr erheblicher, aber völlig unnützer Weise in Anspruch nehmen, da die oft mühsamen und zeitraubenden Vorbereitungen des Präsidenten und Referenten für den Termin bei einer Vertagung auf längere Zeit, zumal wenn inzwischen eine andere Besetzung der Kammer oder des Senats. eintritt, ganz oder doch zum großen Teil verloren gehen.

Die Umgestaltung des amtsgerichtlichen Prozesses soll nach Äußerungen von zuständiger Stelle[1]) zunächst in Angriff genommen werden, um ihm die fehlende Einfachheit, Schnelligkeit und Leistungsfähigkeit zu geben. Es ist nur zu wünschen, daß bei diesem an sich sehr zu begrüßenden Vorhaben die große Reformbedürftigkeit der amtsgerichtlichen Organisation nicht übersehen wird, auf welche ich später (unter IX) noch zurückkomme, und daß auch die Zusammenhänge des amtsgerichtlichen Verfahrens mit dem Gesamtaufbau der Justiz beachtet werden.

Eine charakteristische, viel richterliche Arbeit ersparende Einrichtung des englischen Rechtes: die Besorgung zahlreicher Amtsgeschäfte, welche hier und in Schottland von Richtern erledigt werden — durch juristisch gebildete Hülfsbeamte —, ist bereits wiederholt gestreift worden und bedarf hier keiner weiteren Erörterung. Denn bei der großen Fülle der zurzeit in Deutschland im Dienst stehenden Richter wird zunächst ein Bedürfnis einer Entlastung auf diesem Wege in größerem Umfange kaum in Frage kommen. Immerhin kann der zugrunde liegende Gedanke einer verschiedenen Behandlung richterlicher Amtsgeschäfte, z. B. der Versäumnisurteile und der auf Verhandlung ergangenen Urteile, auch hier von alsbaldiger Bedeutung werden.

Dagegen scheint es mir unerläßlich, noch einer in Deutschland sehr fühlbaren richterlichen Arbeitslast

---

[1]) Stenogr. Ber. Reichstagsverh. v. 18. Mai 1905, Bd. VIII, S. 6006 (Staatssekretär Dr. Nieberding).

zu gedenken, welche in England völlig, in Schottland nahezu unbekannt ist: ich meine die meist nachträgliche schriftliche Ausarbeitung der Urteile, welche bei uns eine der wichtigsten Beschäftigungen der Richter bildet. Die Abfassung eines guten Tatbestandes wird als Kunstwerk angesehen, und die Entscheidungsgründe haben die Form langer Abhandlungen; es ist daher nicht auffällig, daß mehr als wöchentlich zwei Sitzungstage regelmäßig nicht abgehalten werden können, da ja zur Abfassung der Urteile deren Vorbereitung vor der Sitzung hinzukommt.[1])

Die Hervorhebung der bei uns auch in juristischen Kreisen ziemlich unbekannten Tatsache, daß der englische Richter seine Urteile überhaupt nicht nachträglich schriftlich ausarbeitet, sondern nach mündlicher Verkündigung seines Urteils und der Entscheidungsgründe die schriftliche Abfassung dem ersten Bureaubeamten und den Anwälten überläßt, wird daher zunächst Kopfschütteln und vielleicht überlegenes Lächeln erregen. Allein es ist doch wohl ein großes Ding, daß in England die richterliche Persönlichkeit so hoch gewertet und ihre Arbeitskraft als so kostbar angesehen wird, daß man Schreibarbeit ihr nicht zumutet, und auch das ist doch wohl der Bewunderung wert, daß die Geisteskraft englischer Richter groß genug ist, um in mündlicher Rede die Entscheidung auch schwieriger und verwickelter Fälle so begründen zu können, daß das Stenogramm unter der Redaktion der Anwälte und nach Durchsicht des Richters in zahlreichen, jährlich erscheinenden Bänden veröffentlicht werden kann.

Trotz aller Bemühungen für Mündlichkeit des Verfahrens stecken wir eben noch tief in den Traditionen der Schriftlichkeit, und die weitausholenden Entscheidungsgründe der Juristenfakultäten, welche im 17. Jahrhundert zum größten Teil an die Stelle der Gerichte getreten waren, wirken bis auf den heutigen Tag

---

[1]) Dagegen saſs jeder der beiden im Court of Appeal gebildeten Senate etwa 200 Tage im Jahr. Civil Iudicial Statistics S. 65.

in den Gewöhnungen nach. Der von der Zivilprozeßordnung (§ 284) als Bestandteil des Urteils vorgeschriebene Tatbestand mag, wenn gut abgefaßt, ein Kunstwerk sein; allein für die Rechtsuchenden ist er nach der Versicherung erfahrener Anwälte wertlos, und die Vereinigung aller zu einem guten Richter erforderlichen Eigenschaften ist doch zu selten, als daß man Männer, welche sie in sich vereinen, zur Verfertigung nutzloser Kunstwerke anhalten sollte.[1])

In Schottland fügt der Richter, so viel ich aus einer Anzahl von Zivilurteilen ersehen habe, dem kurzen Urteil nur wenige begründende Worte in ziemlich formloser Weise bei: eine Arbeit, die ihn nicht sehr belastet.

Deutschland ist m. W. überhaupt das einzige Land, in dem Urteilsbegründungen von der hier üblichen Länge bekannt sind. Diese Begründungen haben offenbar ihren ganz besonderen Wert für die Anwälte, welche die schwachen Punkte der Begründung herausfinden und für ihre Partei durch Einlegung eines Rechtsmittels nutzbar machen wollen. Nach dieser Richtung müßten aber doch die bei der Publikation kundgegebenen Gründe genügen.

Wenn aber technische Gesichtspunkte, vom Standpunkt des Richters der zweiten Instanz aus, für die Notwendigkeit dieser richterlichen Arbeit geltend gemacht werden, so kann ich sie nicht anerkennen. Es kommt darauf an, was man für das wesentliche hält: die gründliche Entlastung des Richters oder die Erleichterung der Verhandlung in der oberen Instanz. Will man ernstlich das erstere, dann wird sich das für die oberen Gerichte notwendige Material ebensogut wie in England und Schottland, auch ohne die Belastung der Richter mit dieser Arbeit auf andere Weise beschaffen lassen. Die Protokolle der Strafprozeßkommission II S. 136 zeigen freilich, daß

---

[1]) Kammergerichtsrat Havenstein (Der Tag, 6. 12. 1905) nennt die jetzige Art der Abfassung der Strafurteile einen „Mangel unsrer jetzigen Strafrechtspflege, der den Richter geradezu zur Schreibmaschine herabwürdigt“.

die Kommission, welche ja die hier behandelten Grundfragen durchgreifender Reform gar nicht erörtert hat, noch weitergehende Vorschriften über die Urteilsabfassung mit großer Majorität empfohlen hat.[1])

Der jetzige Zustand ist übrigens seltsam genug: Todes- und andere schwere Strafurteile bedürfen keiner solchen Ausarbeitungen, wohl aber die Urteile wegen Übertretungen und leichter Vergehen. Das scheint doch zu beweisen, daß die Urteilsbegründungen in der bisherigen Form für den Abschluß der Sache an sich nicht notwendig sind.

Unsere Richter leiden ohne Zweifel schwer unter dieser Last, aber die Gewöhnung ist anderseits so lang und stark, daß sie — wie mir in mündlichen Unterhaltungen öfter entgegengetreten ist — einen anderen Zustand sich überhaupt kaum denken können. Nur die älteren rheinischen Richter erinnern sich noch mit Wehmut an die erquickende Kürze der auf dem französischen Recht beruhenden Urteile.

Es wird daher ein schweres Stück geistiger Arbeit und Energie im Sinne einer Emanzipation von der Gewöhnung kosten, bis der englische Gedanke in seiner Bedeutung für die Befreiung und Wertung der richterlichen Arbeitskraft erkannt und seine Verwirklichung im Deutschen Reich zunächst als möglich erkannt und dann zur Forderung erhoben wird.

Vielleicht ist es nützlich, gegenüber der Überschätzung unserer langen Urteile an ein Wort zu erinnern, das einer unserer hervorragendsten Juristen des vorigen Jahrhunderts, O. Bähr, einmal ausgesprochen hat: daß in früherer Zeit zwar schlechte Entscheidungsgründe, aber gute Urteile abgegeben, jetzt aber vielfach die Urteile weit schlechter, freilich die Entscheidungsgründe viel besser seien.

[1]) Hiegegen auch Weidlich a. a. O. S. 77: „Die Vielschreiberei ist schon seither dem Ansehen unserer Justiz nicht förderlich gewesen und sie, sowie das immerwährende Aktenstudium haben es bewirkt, dafs unsere Richter meist in einem Alter verbraucht sind, in dem die englischen Richter erst zu den höchsten Stellen aufsteigen“ (vgl. S. 22).

Die Niederschrift und Ausarbeitung von Entscheidungsgründen, die ein mit hervorragendem bonsens begabter Richter verkündet hat, wird gewiß für die angehenden Juristen eine vortreffliche Übung sein, wie auch die selbständige Aufsetzung von Tatbeständen und Entscheidungsgründen sehr bildend ist: aber dieser Gesichtspunkt verliert seine Bedeutung, wenn als Richter nur noch fertige, erfahrene Männer und keine Anfänger mehr im Amte stehen.

IX.

Die neuen Ideale und die zu ihrer Verwirklichung führenden Wege.

Die bisherigen Erörterungen haben, wie ich hoffe, das Verständnis für die englisch-schottischen Einrichtungen so weit erschlossen, als notwendig war, um die Möglichkeit einer zugleich autoritären und vom Vertrauen des Volkes getragenen Justiz zu begreifen, welche von einer nach unseren Vorstellungen so außerordentlich kleinen Zahl von Berufsrichtern ausgeübt wird.

Die eigenartigen, auf andere Länder unübertragbaren englisch-schottischen Verhältnisse mögen bei Ausübung dieser Justiz eine mehr oder minder große Rolle spielen: wir finden aber gleichzeitig eine Reihe von Rechtsgedanken, welche einen gewissermaßen universalen Charakter haben und deshalb auch auf anderem Boden verwendbar sind. Und auf diese richtet sich unser Interesse.

Wir können diese leitenden Gedanken etwa in folgender Weise übersichtlich zusammenfassen:

1. Obenan steht der Grundgedanke, daß eine kleine, aber auserlesene Zahl bewährter und erfahrener Kräfte in hervorragender sozialer Stellung die besten Garantien für eine gute und starke Rechtspflege gibt.
2. Eine wirklich hervorragende richterliche Arbeitskraft ist ein kostbares und seltenes Gut und wird daher nur mit äußerster Sparsamkeit verwendet, indem

a) in erster Instanz nur Einzelrichter, in den oberen Instanzen kleine Kollegien — zum Teil nur zwei, meist nur 3 Richter — urteilen (S. 51. 66) und

b) die Befreiung des Richters von allem Schreibwerk und aller für die eigentlich richterliche, d. h. rechtsprechende Tätigkeit nicht durchaus erforderlichen Arbeit — in England unter weitgehender Verwendung rechtsgelehrter Gehilfen (Masters, Registrars usw.), für Prozeßleitung, Versäumnisurteile u. dgl. — auf das strengste durchgeführt wird. (S. 52. 55.)

3. Der Schwerpunkt liegt durchaus in der ersten Instanz, welche übrigens in England und Schottland im einzelnen sehr verschieden gestaltet ist. Die höchsten Richter leiten selbst die Verhandlung der schwersten Straffälle; in Zivilsachen haben die hohen Zentralgerichte in weitem Umfange eine konkurrierende Gerichtsbarkeit mit den unteren Gerichten. (S. 52. 87. 98.)

4. Die Rechtsmittel sind eingeschränkt und werden auch, so weit sie zulässig sind, in Strafsachen äußerst selten und in Zivilsachen nur in geringem Umfange angewandt. Die höheren Gerichte können von den unteren zur Entscheidung schwieriger Rechtsfragen ohne vorherige Entscheidung angerufen werden. (S. 73. 78. 82. 97—99.)

5. Das Verfahren in Strafsachen ist schnell, wirksam und gemeinverständlich. Das Verfahren in Zivilsachen ist so eingerichtet, daß die Streitsachen in großem Umfange vor dem Urteil vergleichsweise erledigt werden. Für die kleineren Straf- und Zivilsachen besteht ein besonders einfaches Verfahren: die summarische Jurisdiktion. (S. 84. 93.)

Die Universalität dieser Gedanken tritt ohne weiteres ebenso hervor, als ihre Verwertbarkeit gerade für die kritische Lage, in der wir uns zurzeit im Deutschen Reiche befinden. Auch die Wege, auf denen wir zur Aneigung dieser Gedanken gelangen können, scheinen leicht erkennbar vor uns zu liegen.

Wird es aber angängig sein, diese Wege wirklich zu beschreiten?

Die Hindernisse sind jedenfalls außerordentlich groß. Unverkennbar sind zunächst die zahlreichen materiellen Interessen, welche mit dem jetzigen System verschwenderischer Verwendung richterlicher Kräfte verknüpft sind und durch jede Vermehrung richterlicher Stellen weitere Förderung erfahren. Die richterliche Karriere, der Eintritt in die Schar der Gerichtsassessoren bietet unter den obwaltenden, der Gewinnung selbständiger eigener Lebensstellung für die Gebildeten nicht gerade günstigen Verhältnissen immer noch viel Verlockendes. Zwar ist das Gehalt der großen Mehrzahl aller richterlichen Stellen an sich nicht so groß, daß ein völlig Unvermögender mit Frau und Kindern davon einigermaßen standesgemäß leben kann, aber es gibt ja genug junge Leute mit einigem eignen oder erheirateten Vermögen, für welche der sichere Posten eines unabsetzbaren Richters als eine begehrenswerte Stellung erscheint. Und wer nicht energisch genug veranlagt ist, um sich unter Mühen sein Leben selbst zu gestalten oder wer bei mäßiger Begabung sein Genügen daran findet, vom richterlichen Tisch herab, über dem Gewühl des ungemütlichen Erwerbstreibens stehend, Streitigkeiten zu entscheiden und Strafurteile zu fällen, für den muß ein kleiner Richterposten in der Tat sehr große Annehmlichkeiten bieten. Ferner gewährt die Richterlaufbahn auch gegenüber dem Lehrerberuf immer noch eine besonders günstige Gelegenheit für die Söhne des kleinen Mittelstandes, um in höhere gesellschaftliche Schichten aufzusteigen. Dazu kommen endlich die hervorragend Begabten, welche die Amts- und Landrichterstellen nur als Durchgangsposten ansehen und die höheren Stufen der bureaukratischen Leiter bald zu erreichen hoffen, welche aber, sei es aus gesellschaftlichem Vorurteil, sei es aus mangelnder Begabung für eigenen Erwerb nicht daran denken, Anwalt zu werden.

Allerdings hat die, namentlich in der Rheinprovinz und in Hannover früher in höheren Beamtenkreisen, sowie auch unter den großen kaufmännischen und industriellen Familien sehr lebhafte Neigung für den Justizdienst stark abgenommen, während der höhere Verwaltungsdienst im Werte gestiegen ist. Allein wenn auch hierdurch eine gewisse Verschiebung in den Schichten eingetreten sein mag, aus welchen die Gerichtsassessoren und Richter hervorgehen, so ist damit das Schwergericht der mit dem Richtertum verbundenen Interessen keineswegs vermindert, vielmehr eher verstärkt, da die Justizkarriere jetzt als die demokratische, jedermann zugängliche erscheint, die den besonderen Schutz der Parlamente gegen alle Bestrebungen in Anspruch nimmt, auch diese Laufbahn mehr und mehr exklusiveren Kreisen vorzubehalten.

Wird es diesen großen und weitverbreiteten Interessen gegenüber möglich sein, eine erhebliche Verminderung der Richterzahl wirklich durchzusetzen?

Es wird dies m. E. lediglich davon abhängen, ob die hier vertretenen Gedanken in weiteren Kreisen als richtig anerkannt werden. Denn wenn es erst einmal die Überzeugung der führenden Männer geworden sein sollte, daß mit einer großen Richterzahl ein hochstehendes, durchweg erstklassiges Richtertum unvereinbar ist und daß nur fertige und erfahrene ältere Männer zu Richtern geeignet sind, wenn ferner die Parteien erkannt haben werden, daß ihr Kampf gegen Bureaukratie und Beamtentum und für populäre Rechtspflege an dieser Stelle einsetzen muß und wenn endlich die Finanzmänner darüber klar werden, daß die großen und immer wachsenden zurzeit für die Rechtspflege verwandten Geldmittel zum erheblichen Teil unnütz verausgabt werden und an anderen Stellen zweckmäßiger verwandt werden können, dann wird es einfach unmöglich sein, sachlich überflüssige Richterstellen lediglich zur Versorgung junger Leute aufrecht zu halten, und diese bisherigen Richteramtskandidaten werden suchen müssen, sich selbst, sei es als Anwälte, sei es — bei Überfüllung dieses Berufes — auf andere Weise eine Lebensstellung zu erringen.

Als die Thielensche Verwaltungsreform bei der Staatseisenbahn etwa 1000 Stellen überflüssig machte, hat auch niemand daran denken können, diese Stellen im Interesse künftiger Beamten aufrecht zu erhalten.

Übrigens bezieht sich die bisher geforderte Richterverminderung unter gleichzeitiger Änderung der Art der Richterwahl ja nicht auf sämtliche, rund 9000 Richterstellen, sondern nur auf die Landgerichte, Oberlandesgerichte und das Reichsgericht, d. h. die eigentlich rechtsprechenden Gerichte. Denn die Amtsrichter kommen hier nur mit dem kleineren Teil ihrer Tätigkeit, der rechtsprechenden, in Betracht, während ihre weitaus überwiegende Tätigkeit als Vormundschafts- und Hypothekenrichter, in der freiwilligen Gerichtsbarkeit u. s. f. im wesentlichen den Charakter von Beamtenarbeit hat. Auf diesem weiten Gebiet amtsrichterlicher Arbeit wird also die bisherige staatliche Übung, für diese Beamtenschaft sich einen Ersatz heranzubilden, durch die hier erörterten Vorschläge nicht geändert, wenn auch aus mancherlei Gründen erhebliche Änderungen in der amtsgerichtlichen Organisation unvermeidlich scheinen. Eine beamtenmäßige Gestaltung des amtsgerichtlichen Dienstes ist schon deshalb nötig, weil ohne sie der Justizverwaltung die erforderlichen Kräfte nicht überall zur Verfügung stehen würden. (Vgl. Anhang I.) Sie ist aber auch unbedenklich, weil die Berührungen des Amtsrichters mit der Bevölkerung so mannigfaltige und enge sind, daß die Gefahr der „Weltfremdheit“ bei ihm viel geringer ist, als bei den Mitgliedern der Kammern und Senate der Kollegialgerichte.

Noch größer als die durch Verknüpfung mit Interessen gegebenen sind wohl die in der Sache selbst, in der Gestaltung und Durchführung einer neuen Organisation liegenden Schwierigkeiten, welche sich einer Verminderung der Zahl der eigentlichen oberen Richter — am 1. Januar 1905 92 am Reichsgericht, 22 am bayrischen Obersten Landesgericht, 651 an den Oberlandesgerichten und 2899 an den Landgerichten, zusammen 3664 — entgegenstellen.

Umfang und Bedeutung dieser Schwierigkeiten kann nur erkannt werden, wenn die neue Organisation wenigstens in großen Zügen dargelegt und die Überführung der bestehenden Einrichtungen in die neuen erörtert wird. Mag es sich hierbei auch nur um einen Versuch mit ungenügenden Mitteln handeln, der leicht nach allen Richtungen hin die Kritik herausfordern wird, so ist doch nur auf diesem Wege der Anfang zu einer Klärung der in Betracht kommenden schwierigen Fragen zu machen. Selbstverständlich soll dabei den zu entwerfenden Bauskizzen keine tabula rasa zugrunde gelegt werden, vielmehr wird nur der jetzige, in Amtsgerichten, in Land- und Oberlandesgerichten und im Reichsgericht gegebene, mit unzähligen örtlichen Interessen eng verknüpfte Grundriß als Unterlage und Ausgangspunkt dienen können.

Zunächst erscheinen einige grundsätzliche Bemerkungen unerläßlich.

Die Strafrechtspflege muß bei aller selbstverständlichen Gewissenhaftigkeit vor allem schnell sein: Die Strafe muß dem Vergehen, wenn sie wirken soll, möglichst auf dem Fuße folgen: eine schnell verhängte, wenn auch minder hohe Strafe ist wirksamer, als eine nach langer Zeit, auf Grund eindringender Ermittelungen und allseitiger Feststellung des Tatbestandes eintretende höhere Bestrafung.

Diese Sätze scheinen zwar selbstverständlich, ja trivial. Denn sie erfreuen sich allgemeiner Anerkennung. Sie müssen aber trotzdem um so stärker hervorgehoben werden, weil, wie so oft in der deutschen Rechtspflege, auch hier dem Wollen so wenig das Vollbringen entspricht und Organisationskraft und Geschick durchaus versagt hat, um die als richtig erkannte Theorie zur Verwirklichung zu bringen. Ich erinnere nur an die unter II geschilderte Lage des Reichsgerichts, von der einer der Räte, der Abg. Spahn sagte:

„Das Reichsgericht ist in seinen Strafsachen so weit rückständig, daß von dem doch allgemein anerkannten kriminalistischen Grundsatze, daß die Strafe die wirksamste ist, die der Tat am schnellsten auf dem Fuße folgt, nicht mehr die Rede sein kann." Sten. Berichte 1904. Bd. II, S. 1454.

In den unteren Instanzen ist es aber nicht viel besser und eben deshalb ist es dringend notwendig, die Mittel, welche in England und Schottland in so außerordentlich weitem Umfange eine schnelle Vorführung des Beschuldigten vor das erkennende Gericht und eine schnelle Aburteilung ermöglichen, zu studieren, und die bisherigen — durch die Erfahrung zur Erreichung einer schnellen Justiz als ungenügend erwiesenen — Einrichtungen umzugestalten. Staatsanwaltschaft und die zu besserer Wirksamkeit zu organisierende Polizei sind dabei — unter tunlichster Fernhaltung des Schreibwerks — zu besserer und schnellerer Zusammenarbeit anzuhalten.

Die Verhängung der Strafe muß ferner unter dem Schutz einer stark ausgebildeten Autorität erfolgen. Diese kann um so weniger vorhanden sein, je mehr sich die Fälle widersprechender Urteile häufen.

Die Vermeidung solcher Widersprüche ist daher mit allen Mitteln anzustreben: durch Bildung autoritativer Gerichtshöfe mit bewährten juristischen Vorsitzenden, durch Überweisung schwieriger Rechtsfragen an höhere Gerichtshöfe, durch möglichste Beschränkung der Anrufung einer höheren Instanz. Das bisherige System, welches die Garantien gerechter Rechtspflege in einem umfassenden Eingreifen, in Urteilsaufhebungen und Rückverweisungen höherer Instanzen suchte, ist aufzugeben und durch die in der Zusammensetzung der Gerichte zu schaffenden Garantien zu ersetzen. Die von der Strafprozeßkommission vorgeschlagene Instanzenhäufung führt auf ganz falsche Wege.

Zugleich ist die Stellung des Richters gegenüber dem Angeklagten von allen, Mißtrauen erweckenden und seiner Unparteilichkeit, wenn auch nur scheinbar entgegenstehenden Obliegenheiten zu befreien; ebenso ist auch die Stellung des Staatsanwalts und des Beschuldigten zu einander berechtigten Ansprüchen entsprechend zu regeln.

Endlich aber ist immer im Auge zu behalten, daß die strafrechtliche Repression ihre Grenzen hat, deren Überschreitung dem Ansehen der Justiz große Gefahren bringt. Die einheitlichere gesellschaftliche Auffassung und die stärker entwickelte Sitte in den angelsächsischen Ländern erleichtern an sich der Strafrechtspflege dort ihr Amt in wirksamster Weise, während der stark ausgebildete Subjektivismus bei uns weit häufiger verschiedene Volkskreise zueinander in Widerspruch setzt und die Gerichte in diesen Streit hineinzuziehen sucht. So ist in vielen Fällen die Erhebung öffentlicher Anklage weit gefährlicher für das richterliche Ansehen, als ihre Unterlassung. Die Pflicht der Staatsanwaltschaft zur Klagerhebung ist daher einzuschränken; freilich wird das in Deutschland so oft hinderlich einsetzende politische Mißtrauen auch hier Schwierigkeiten machen. Vor allem aber darf der Gesetzgeber nie vergessen, daß die Frage, ob ein Strafurteil nach den Regeln juristisch-wissenschaftlicher Auslegung „richtig“ ist, nicht von entscheidender Bedeutung für die notwendige Vertrauensstellung der Strafrechtspflege im Volke ist und deshalb Prozeß- und Gerichtsverfassung nicht auf die Sicherung solcher „richtiger“ Urteile zugeschnitten werden sollte, daß vielmehr die Berufsrichter trotz aller wissenschaftlichen Jurisprudenz autoritative Urteile doch nur insoweit zu fällen vermögen, als sie im Einklang mit dem Rechtsempfinden der Laienwelt bleiben.

Dieser enge Zusammenhang zwischen den Berufsrichtern und dem Volksempfinden ist in England und Schottland — wie wir sehen — auch da gewahrt, wo keine Laien an der Ausübung der Strafrechtspflege teilnehmen. Wie aber die Verhältnisse bei uns zurzeit liegen, wird es nicht wohl möglich sein, einen Teil der Strafrechtspflege — abgesehen von den ganz kleinen Straffällen — ausschließlich durch Berufsrichter ausüben zu lassen, wenn man jenen Zusammenhang auch hier herstellen will.

Für die Zivilrechtspflege kommen zum Teil andere Gesichtspunkte in Betracht. Zwar muß auch hier bei der weitaus überwiegenden Zahl von Streitfällen das Bedürfnis nach einer einfachen, billigen und schnellen Erledigung als für den Aufbau von Gerichtsverfassung und -verfahren entscheidend angesehen werden: eine gute, vom Vertrauen getragene erste Instanz ist daher auch in solchen Zizilsachen von äußerster Wichtigkeit, die Anrufung höherer Instanzen aber nur insoweit ein Bedürfnis, als es sich um grobe Verstöße und Irrtümer handelt. Doch würde es irrig sein, alle Streitigkeiten über niedrige Wertgegenstände unter allen Umständen zu diesen „Bagatellsachen" zu rechnen. Auch sie können in Ausnahmefällen zu der zweiten Reihe von Zivilstreitigkeiten gehören, welche entweder für die Parteien von so großer Bedeutung sind, daß ihnen eine umfassende und eindringende, mit Kosten verbundene juristische Erörterung wichtiger ist als eine billige und schnelle Aburteilung,[1]) oder welche für die Interessen weiter Kreise, vielleicht für die Fortbildung des Rechtes im allgemeinen so wichtig sind, daß die Entscheidung der höchsten Instanz unentbehrlich ist. Die Gestaltung der ersten und der weiteren Instanzen ist hiernach so einzurichten, daß für die erstgenannten einfachen Fälle eine billige, einfache und schnelle Justiz gesichert und für die weit selteneren anderen Fälle eine erschöpfende, wenn auch mit Geldopfern und Zeitaufwand verbundene Prüfung ermöglicht wird. Es ist schwer, beide Interessen zu vereinigen, wenn die Organisation, wie bisher, schematisch und lediglich nach Wertsummen aufgebaut und abgestuft wird. Es wird daher eine stärkere Rücksichtnahme auf die Mannigfaltigkeit der Fälle und Interessen unvermeidlich sein. (S. 135.)

Indem man aber von diesen Gedanken ausgeht, ist zunächst von grundlegender Bedeutung die Begrenzung der amtsgerichtlichen Zuständigkeit. Denn wenn auch die Richter der Landgerichte in erster Instanz gleichfalls nur als Einzelichter urteilen, so bleibt doch der bisherige Unterschied (Anwaltszwang und formell-umfassende Verhandlung)

---

[1]) Vgl. Vierhaus a. a. O. S. 51—54.

an sich ebenso bestehen, als in England das Verfahren vor dem County Court Judge von dem Verfahren vor dem Einzelrichter der King's Bench Division abweicht.

Es bleibt also auch die Frage der Ausdehnung der amtsgerichtlichen Zuständigkeit, deren Bejahung ja anscheinend von sehr weiten Kreisen gewünscht und empfohlen wird. Auch mir scheint die Ausdehnung sowohl im Interesse der Entlastung der Oberlandesgerichte als im Interesse der eine schnelle und billige Justiz suchenden Parteien dringend erwünscht; indessen sind doch die oben schon angedeuteten, auch von Vierhaus a. a. O. S. 51—54 erhobenen Bedenken zuvor zu erledigen. Der Geldbetrag — so sagt man mit Recht — entscheide weder über die juristischen Schwierigkeiten einer Sache noch über deren Bedeutung und Interesse für die Beteiligten. Eine allgemeine Versagung des landgerichtlichen, mit umfassenderen Garantien ausgestatteten Verfahrens für die Wertobjekte zwischen 300 Mark und etwa 500 Mark sei daher bedenklich.

Dazu kommt, daß die bisherigen Erfahrungen keineswegs für eine starke Autorität amtsgerichtlicher Urteile sprechen. Es ist oben schon betont (S. 38), daß die Zahl der Berufungen gegen diese Urteile in den 22 Jahren von 1881 bis 1903 erheblich (von 12,2 % auf 24,8 %) zugenommen hat und es ist nicht schwer, die Gründe dieser höchst bedauerlichen Entwickelung zu erkennen, welche m. E. darin liegen, daß die Stellung der Amtsrichter sich infolge unserer gesamten wirtschaftlichen Entwickelung und des schnellen Wachstums großer Städte durchaus verschoben hat, ihre Organisation aber dieselbe geblieben ist, wie sie ursprünglich in patriarchalischer hannoverscher Zeit vor mehr als 50 Jahren gedacht und gestaltet wurde. Damals war es, bei der Trennung von Justiz und Verwaltung, gewiß ein schöner und einem starken Bedürfnis Genüge tuender Gedanke, dem Verwaltungsbeamten (Amtmann) in dem Amtsrichter einen gleichgestellten Kollegen zur Seite zu stellen, der als ein Vertrauensmann des Bezirks die rechtlichen Angelegenheiten (Vormundschafts- und Hypothekenwesen, Verträge und Testamente u. dgl.) der Amtsbewohner erledigen und zugleich über ihre kleinen Streitigkeiten und Vergehungen — über letztere unter Zuziehung von Schöffen — Richter sein sollte. Wie anders aber ist die Stellung des Amtsrichters jetzt! Unter den 1933 Amtsgerichten sind nicht weniger als 521 mit drei und mehr, zum Teil mit Dutzenden von Richtern besetzt, und bei dem raschen Wachstum der städtischen Bevölkerung werden auch die städtischen Amtsgerichte immer mehr wachsende Besetzungsziffern aufweisen. Schon jetzt (am 1. Januar 1905) sind von 5153 Amtsrichtern 2254 an Amtsgerichten mit mehr als drei und 1554 an Amtsgerichten mit mehr als 5 Richtern angestellt! In den größeren Städten bearbeitet der eine dann Vormundschafts-, der andere Grundbuchsachen, ein dritter ist Prozeß-, ein vierter Schöffenrichter usw. Was ist unter diesen Verhältnissen aus dem juristischen Vertrauensmann des Amtsbezirks geworden? und wie konnte die ursprüngliche Gleichstellung mit dem Verwaltungsbeamten aufrecht erhalten bleiben, seitdem den 484 Landräten mehr als zehnmal so viel Amtsrichter gegenüberstehen!

Es ist einleuchtend, daß diese Veränderungen nicht ohne Einfluß auf die autoritative Stellung des Amtsrichters bleiben konnten, zumal das Bedürfnis schneller, aber doch nie ausreichender Stellenvermehrung — von 4253 am 1. Januar 1883 auf 5153 am 1. Januar 1903 — dahin führte, daß die Urteile in wachsendem Umfange von jungen Amtsrichtern und Assessoren erlassen wurden.

Diese Zustände müßten m. E. bei der Absicht einer Erhöhung der amtsgerichtlichen Zuständigkeit von Grund aus gebessert werden: vor allem müßte die Bestellung der Prozeßrichter nach solchen Grundsätzen erfolgen, daß die Erfüllung der erforderlichen autoritativen Vorbedingungen in der Person des Amtsrichters sichergestellt wird. Wenn aber auf diese Weise auch bei den mit zahlreichen Richtern besetzten Amtsgerichten genügende Sicherheit für das Vorhandensein guter, erfahrener Prozeßrichter geschaffen wird, so ist es doch unvermeidlich, daß die bei den kleinen Amtsgerichten angestellten Richter bei der verhältnismäßigen Seltenheit von Zivilprozessen nur ausnahmsweise genügende Übung im Judizieren erlangen können und deshalb eine allgemeine Erhöhung der Zuständigkeitsgrenze auf 500 Mk. nicht unbedenklich ist, — es müßte denn gelingen, diese Bedenken durch Schaffung besonderer Garantien zu beseitigen. Als solche Garantie könnte etwa eine Einrichtung dahin getroffen werden, daß die irgendwie organisatorisch zusammenzufassenden Amtsrichter eines Landkreises oder ähnlichen Bezirks im allgemeinen ihre bisherige Zuständigkeit behalten, und nur einem der in der Kreishauptstadt sitzenden Amtsrichter die erweiterte Zuständigkeit in Zivilstreitigkeiten für den ganzen Kreis übertragen wird. Die Einrichtung durchbricht zwar den üblichen Schematismus in der Organisation der Amtsgerichte; allein dieser hat sich bisher schon in Berlin nicht halten lassen und wird auch an anderen Orten sich immer weniger haltbar erweisen, und ich bin überzeugt, daß die amtsgerichtliche Organisation überhaupt nur dann dauernde Standfähigkeit bewahren wird, wenn man das Prinzip der Gleichmäßigkeit aufgibt und für Stadt und Land verschiedenartige Organisationen schafft. Wenn dies geschieht, wird es allerdings gelingen können, den zurzeit stark in Verfall geratenen großen Amtsgerichten neues, frisches Leben einzuhauchen. Aus den bekannten Gründen hat das preußische Haus der Abgeordneten zwar vor wenigen Jahren abgelehnt, die schüchternen Besserungsversuche des Justizministers gutzuheißen: ich zweifle aber nicht, daß die Stimmung eine andere und günstigere sein würde, wenn entsprechend den völlig veränderten Verhältnissen eine Reorganisation im größeren Stil gleichzeitig mit einem Gesetz über die Reform des amtsgerichtlichen Verfahrens zur Vorlage käme (vgl. Anhang I).

Ich kann an dieser Stelle hierauf jedoch nicht näher eingehen und nehme einmal an, daß die Frage der Besetzung der Amtsgerichte in einer der Erweiterung der Zuständigkeit günstigen Weise erledigt würde. Dann bliebe noch das zweite gegen die einfache Erhöhung der Zuständigkeitsziffer erhobene Bedenken: die in verschiedenen Fällen sehr verschiedene Bedeutung dieser Erhöhung. Mir scheint aber, daß dies Bedenken unschwer behoben werden könnte, wenn man es für angängig hielte, für alle Sachen über 300 Mk. eine konkurrierende Zuständigkeit für das Landgericht zu schaffen — im wesentlichen nach dem Muster und unter den Einschränkungen des oben S. 98 kurz entwickelten englischen Rechtes. Dann wäre für schwierige und prinzipiell wichtige Sachen die Entscheidung des Landgerichts und Oberlandesgerichts, für einfache Sachen von hohem Wertbetrag aber die einfache amtsgerichtliche Erledigung ermöglicht. Ein Rückverweisungsrecht des Landgerichts, sowie ein Überweisungsrecht des Amtsgerichts, verbunden mit fühlbaren Kostenauflagen bei unnötiger Belastung des Landgerichts, würden, wie in England, auch hier für eine sachgemäße Gestaltung der Praxis zu sorgen haben.

Mit solchen Einschränkungen würde also — so nehme ich jetzt an — die amtsgerichtliche Zuständigkeit bei Schuldforderungen erheblich erweitert — vielleicht bis auf 1000 oder 1500 Mk., da bei den vorgeschlagenen Garantien auch hiergegen kaum Bedenken zu erheben wären.

Übrigens ist auch an dieser Stelle nochmals auf die Vorschläge hinzuweisen (vgl. oben S. 110, 111), durch welche eine Stärkung der ersten Instanz und eine möglichste Vermeidung widerstreitender Urteile erreicht werden sollte.

In engem Zusammenhang mit der Zuständigkeitsfrage steht die Regelung der Endgültigkeit oder Berufungsfähigkeit amtsgerichtlicher Zivil-Urteile. Daß die Belastung der oberen Instanzen mit Bagatellsachen, deren gedeihliche Wirksamkeit empfindlich hemmt und beeinträchtigt, ist außer Frage. In England und Schottland ist aus diesem Grunde auch eine Berufungssumme von £ 20 und 25 festgesetzt (oben S. 54, 65), ebenso ist in Frankreich die Berufung bei Werten unter 1500 Fr. ausgeschlossen, und auch nach der österr. Z.P.O. ist bei Werten bis zu 100 Kronen die Berufung nur wegen gewisser grober Rechtsverletzungen zulässig.[1]) Bei uns ist man aber ängstlicher; wenigstens ist der Vorschlag des Regierungsentwurfs, bei Werten bis zu 50 Mk. die Berufung auszuschließen, von der Reichstagskommission 1876 abgelehnt worden. Vielleicht aber sieht man jetzt die Frage anders an, seit die Beteiligten selbst bei gewerbe- und kaufmannsgerichtlichen Sachen Ausschlußziffern von 100 und 300 Mk. verlangt und durchgesetzt haben, allerdings für Laiengerichte unter juristischem Vorsitz.

Das in England angewandte Aushilfemittel, mit richterlicher Genehmigung eine Berufung zuzulassen, wird hier wegen nicht genügenden Vertrauens in die richterliche Objektivität wohl auf Bedenken stoßen. Doch könnten diese dadurch abgeschwächt werden, daß zwar auch gegen den Willen des Richters eine Berufung zuläßig ist, ihre Abweisung in solchen Fällen aber wesentlich erhöhte Kosten nach sich zieht.

Sollte auch die hierdurch gegebene Garantie nicht genügen, bliebe noch der Ausweg übrig, daß das bei jedem Amtsgericht zu belassende Verfahren für Sachen bis 300 Mk. — man könnte es „friedensrichterliches Verfahren" nennen — nicht nur höchst einfach und schleunig, sondern auch durch große Billigkeit besonders anziehend gestaltet würde; daß ferner eine Berufung hiergegen nur wegen gewisser grober Rechtsverletzungen, wohl aber ein Antrag des Beklagten auf Überweisung der Sache an das mit höheren Kostenansätzen arbeitende Amtsgericht der Kreisstadt zulässig wäre.

Mag aber der eine oder andere Weg eingeschlagen werden, jedenfalls sind auf das Entschiedenste irgendwelche Maßnahmen zu dem Zweck zu fordern, daß künftig Berufungen gegen Urteile bis zu 300 Mk. nur noch in kleiner Anzahl an die Landgerichte gelangen können.

In Strafsachen ist die amts- und schöffengerichtliche Zuständigkeit bereits durch das aus der Reichstagsinitiative (Antrag Hagemann, Himburg, Prüschenk von Lindenhofen,

---

[1]) Über ähnliche Beschränkungen in anderen Ländern s. oben S. 28. Anm. 1.

Dr. Spahn, Träger, Anl. Bd. III, S. 2456) hervorgegangene Gesetz, betr. Abänderung des Gerichtsverfassunggesetzes, vom 5. Juni 1905 erweitert worden. Indessen ist auch hier darauf zu verweisen, daß die amts- und schöffengerichtliche Autorität seit 1881 nicht unwesentlich gesunken ist. Denn gegenüber 1000 von diesen Gerichten erlassenen Urteilen ergingen 1881 nur 61, 1903 aber 101 Berufungsurteile. Aus den oben S. 105 dargelegten Gründen ist es aber dringend wünschenswert, die große Masse der Strafkammersachen den bestehenden Schöffengerichten d. h. der summary jurisdiction im englisch-schottischen Sinn zuzuweisen, und dies wird m. E. auch möglich sein, wenn man — wie dies oben S. 135 für Zivilsachen vorgeschlagen — so auch in Strafsachen die Schöffengerichte der großen Städte nur älteren und bewährten Richtern anvertraut, den Amtsrichtern der kleinen Orte diese erweiterte Zuständigkeit aber nicht gibt, dieselbe vielmehr den Amtsgerichten der Kreisstädte für den ganzen Kreis überweist und den an diesen abzuhaltenden Schöffengerichten besonders erfahrene und gewandte Vorsitzende gibt. Dabei wäre m. E. zu überlegen, ob nicht die Schöffengerichte überhaupt nur bei den Amtsgerichten der Kreisstädte zu bilden wären. Zu dem Vorteil des bewährten Vorsitzenden käme der weitere Vorteil, daß die Schöffen aus einem größeren Bezirk entnommen würden und ihre Unabhängigkeit gesicherter wäre. Der Amtsrichter der kleineren Orte behielte dann, wie in Zivilsachen die „friedensrichterliche" Tätigkeit, so in Strafsachen die Strafgewalt des ohne Schöffen amtierenden Amtsrichters.

Etwa noch bestehende Bedenken gegen eine so weitgehende Erweiterung der schöffengerichtlichen Zuständigkeit könnte man dadurch beseitigen, daß man nach englischem Vorbild dem Beschuldigten das Recht gibt, in den mit mehr als dreimonatlicher Strafe bedrohten Fällen Verhandlung vor dem Schwurgericht zu verlangen. (Weidlich a. a. O. S. 6.)

Eine derartige Ordnung würde voraussichtlich auch dazu beitragen, die Zahl der Berufungen zu verringern.

Ich schließe hiermit die Erörterungen über die Zuständigkeit der Amts- und Schöffengerichte, die freilich — weil sie sich nur auf die richterliche Seite der amtsgerichtlichen Tätigkeit erstrecken konnten — vielleicht an einer gewissen Unklarheit leiden. Der Anhang I ist bestimmt, den Plan einer Reorganisation der Amtsgerichte zu vervollständigen und dem Verständnis näher zu bringen.

Die Zuständigkeit der Landgerichte ergibt sich ohne weiteres aus dem Bisherigen. Sie erstreckt sich

in zweiter Instanz auf die Berufungen gegen amts- und schöffengerichtliche Urteile und

in erster Instanz auf Zivilsachen mit Werten über 1000 oder 1500 Mk. als eine ausschließliche, bei Werten über 300 Mk. bis 1000 oder 1500 Mk. als eine konkurrierende mit den oben S. 98, 135, 136 dargelegten Beschränkungen.

Außerdem werden für die erstinstanzliche Verhandlung über Verbrechen und — in gewissem Umfange — Vergehen Schwurgerichte gebildet.

Verhandlung und Entscheidung erfolgt

in Zivilsachen erster Instanz durch die Mitglieder der Landgerichte als Einzelrichter,

in Zivilsachen zweiter Instanz durch zwei Mitglieder,

in Strafsachen zweiter Instanz, wenn das Urteil nur in jure angefochten ist, durch zwei Mitglieder,

im übrigen durch ein Mitglied unter Zuziehung von fünf Schöffen.

Zu Vorsitzenden der Schwurgerichte sind sowohl die Mitglieder der Land- und Oberlandesgerichte als des Reichsgerichts zu bestellen. Das letztere wird zunächst Befremden erregen; allein wenn man mit dem Gedanken, die Garantien schwurgerichtlicher Rechtsprechung in erster Linie in den Personen zu suchen, wirklich Ernst machen will, so ist die Heranziehung der Reichsrichter zur Ausübung des höchsten richterlichen Amts jedenfalls das beste Mittel. Die Mitgliedschaft in dem, in letzter Instanz zur Entscheidung berufenen Kollegium wird weder in England noch Schottland als Hindernis angesehen. Der Schwierigkeiten aber wird ein wirklich vorhandener ernster Wille Herr werden.

Die Oberlandesgerichte werden — jedoch nur mit einer Senatsbesetzung von drei Richtern — wie bisher die Berufungen gegen landgerichtliche und Revisionen gegen schöffengerichtliche Urteile zu erledigen haben.

Die Zuständigkeit des Reichsgerichts ist oben S. 30—34 schon erörtert. Der Ersatz der zu beseitigenden Revision durch ein Rechtsmittel, welchem die Aufrechterhaltung der Einheit des Rechtes und seiner Fortbildung als einziger Zweck gesetzt ist, erschien als das einzige Mittel, die Arbeitsfähigkeit des Reichsgerichtes dauernd sicher zu stellen und ihm die Wahrung der Rechtseinheit zu ermöglichen. Die technische Konstruktion eines solchen Rechtsmittels muß berufeneren Kräften überlassen bleiben, welche auch zu prüfen haben, ob die oft gerügten Mängel des französischen Kassationsrekurses oder der altpreußischen Nichtigkeitsbeschwerde — deren Lob übrigens auf Grund seiner mit ihr gemachten Erfahrungen vom Abg. Rintelen immer wieder u. a. am 14. Mai 1904. Verh. V. S. 2950 ff. gesungen wird — zu vermeiden sind oder als das geringere Übel hingenommen und ertragen werden müssen. Die Revision entsprang gerade aus der Erkenntnis der Mängel der Kassation und Nichtigkeitsbeschwerde. Nun hat aber die Erfahrung die dauernde Aufrechterhaltung dieses neuen Rechtsmittels als mit der Arbeitsfähigkeit, ja mit dem Bestand eines obersten, zur Wahrung der Einheit des Rechtes bestellten Gerichtshofes unvereinbar erwiesen, und man muß entweder die Revision völlig umgestalten oder zu einem der alten, in langem Bestand erprobten, so weit als möglich zu verbessernden Rechtsmittel zurückkehren, so schwer dieser Entschluß aus persönlichen und sachlichen Gründen auch vielen werden mag. Die Bedenken, welche aus den Mängeln der bisherigen Einrichtungen hergeleitet werden, sind durch eine Besetzung der Land- und Oberlandesgerichte mit allseitig erfahrenen Kräften und durch wirksame Verbesserungen des Verfahrens zu beheben. Und zwar wird die Besetzung eine um so bessere werden können, je mehr der Bedarf an Reichsgerichtsräten vermindert wird. Wenn es gelänge, die Zahl um 56 zu verringern, könnte jedes der vorhandenen Oberlandesgerichte mit zwei Reichsgerichtsräten besetzt werden.

Ich kann einstweilen die Hoffnung nicht aufgeben, daß bei der S. 116 vorgeschlagenen Regelung der Beschlußfähigkeit und der nach S. 33, 34 einzuführenden Einschränkung der Mündlichkeit eine strenge Durchführung des Grundsatzes, daß die Anrufung des Reichsgerichts nur soweit gestattet sein soll, als sie im Interesse der einheitlichen Auslegung und Fortbildung notwendig ist, zu wesentlichen Einschränkungen der Anrufungen führen muß. Wenn alle Fälle ausgeschieden werden, in denen Sinn, Bedeutung und Tragweite eines Rechtssatzes gar nicht in Frage sind, sondern nur seine Anwendung, wenn infolge dessen auch alle Fälle ausscheiden, in denen formelle und prozessuale, an sich unbestrittene Vorschriften versehentlich nicht angewandt sind, und demnach nur solche Fälle übrig bleiben, in denen Rechtsnormen ihrer Bedeutung und Tragweite nach irrig aufgefaßt sind: so muß dies, wie mir scheint, das Anwendungsgebiet eines solchen Rechtsmittels außerordentlich einschränken. Die Verletzung des Gesetzes in bezug auf das Verfahren, die unter Verletzung einer gesetzlichen Bestimmung erfolgte Feststellung oder Übergehung von Tatsachen und ähnliche Fälle mögen vom Standpunkte der jetzigen Revision aus und im Interesse der Einzelpartei die Aufhebung eines Urteils rechtfertigen: vom Standpunkt der Wahrung der Rechtseinheit aus ist es völlig gleichgültig, ob diese Urteile in Sachen über 2500 Mk. in Kraft treten, denn andere, weit zahlreichere Urteile in Sachen unter 2500 Mk. treten ja unter gleichen Verhältnissen ebenfalls in Kraft.

Je mehr Zeit und Kraft bleibt, infolge einfacher Erledigung der einfach liegenden Fälle die schwierigen und zweifelhaften auf das Eindringendste zu verhandeln und die Entscheidungsgründe — deren Länge jetzt wiederholt (vgl. Bericht von 1905, Anl. Bd. VIII, S. 4517) durch Zeitmangel entschuldigt ist — in vollendeter Kürze zu geben, um so mehr wird der Rechtsentwickelung und Fortbildung gedient sein. Und je kleiner die Zahl der Richter und je größer ihr innerer Zusammenhalt ist — wenn möglich in einem Zivilsenat wie in Frankreich —, um so sicherer wird ein solches Ziel erreicht werden, das übrigens gar nicht so weit von dem, oben (S. 30) erwähnten schönen Ideal des Abg. Lenzmann entfernt liegt.

Bei solchem Vorgehen wird es auch möglich sein, den richtigen Weg zu finden, um für die Rechtsprechung der Gewerbe- und Kaufmannsgerichte die Rechtseinheit besser als bisher (obon S. 32) zu gewährleisten. Schon treten Anregungen und Forderungen hervor auch in der höheren Instanz für Arbeitsstreitigkeiten ein mit Laien besetztes Sondergericht zu schaffen. Es wird notwendig sein, die Möglichkeit zu schaffen, widerstreitende Urteile dieser Sondergerichte irgendwie an das Reichsgericht zu bringen.

Zahl und Stellung der Mitglieder des obersten Gerichtshofes ist bisher in Deutschland ausschließlich nach französischem Vorbild[1]) geregelt worden. Es ist aber unerläßlich, vor der Neubegründung des Reichsgerichtes zu prüfen, ob nicht nach englisch-amerikanischem Vorbild mit einer kleineren, aber um so einheitlicher zusammenarbeitenden Zahl von ausgewählten Richtern[2]) auszukommen sein wird, denen übrigens — wie oben schon angedeutet — auch in anderen Beziehungen, namentlich durch Mitbeteiligung am Vorsitz in den Schwurgerichten eine zugleich aktivere und mehr hervortretende Stellung gegeben werden sollte, wie sie die hohen englisch-schottischen Richter haben. Der oben (S. 116) gemachte Vorschlag einer Herabsetzung der Mindestzahl der Senatsbesetzung auf drei bzw. zwei (bei Beschwerden) wird eine erhebliche Annäherung an das

---

[1]) Vgl. Anhang II.

[2]) In betreff der heutigen Zusammensetzung ist vom Abg. Pohl (14. Mai 1904, IV. S. 2969) behauptet worden, daſs das Reichsgericht zwar der beste deutsche Gerichtshof sei, mit einer ganz hervorragenden Zahl ausgezeichneter Juristen; doch seien auch die Mittelmäſsigkeiten zweifellos sehr stark vertreten.

englisch-amerikanische Vorbild bringen. Von kaum minderer Bedeutung wird es sein, wenn die Übung einer schriftlichen Aufsetzung langer Entscheidungsgründe durch das englische Verfahren mündlicher Verkündigung ersetzt wird. Denn der Umfang der zu bewältigenden Arbeiten wächst durch diese Übung in sehr hohem Maße. Gegenüber den französischen Ziffern in Anhang II ist darauf hinzuweisen, daß der Court of Appeal nur von fünf Richtern — außer dem Vorsitzenden, darunter dem selten an den Geschäften teilnehmenden Lord Chancellor — gebildet wird und daß auch in den Vereinigten Staaten der oberste Bundesgerichtshof, der Supreme Court in Washington, der bekanntlich eine sehr angesehene Stellung einnimmt und u. a. auch über die Übereinstimmung von Bundes- und Staatsgesetzen mit der Verfassung der Vereinigten Staaten zu erkennen hat, nur aus neun Richtern besteht.

So etwa würde in ganz skizzenhaften, im einzelnen leicht zu ändernden Umrissen ein unter Verwertung englisch-schottischer Rechtsgedanken und Erfahrungen aufgesteller Plan für den Umbau unsrer Gerichte aussehen. Im Interesse der Veranschaulichung werden indessen einige Zahlen zuzufügen sein, so problematisch auch wegen der mir nicht zu Gebote stehenden Unterlagen ihr Wert im einzelnen sein mag.

An den 173 Landgerichten bestanden am 1. Januar 1905 542 Zivilkammern, 156 Kammern für Handelssachen und 495 Strafkammern, zusammen also 1193. An Präsidenten und Direktoren waren 669 vorhanden, an Landrichtern 2230.

An erstinstanzlichen Zivilurteilen sind 1903 — abgesehen von Versäumnis- und dgl. Urteilen — 88010, an gleichen Endurteilen in der Berufungsinstanz 44172, an erstinstanzlichen Strafurteilen 99151, an zweitinstanzlichen „ 64502 erlassen.

Die Zahl der bei der empfohlenen Reorganisation zu erledigenden Sachen ist ziffernmäßig nicht zu veranschlagen; sicher ist nur, daß die beiden ersten Ziffern wegen Ausdehnung der amtsgerichtlichen Zuständigkeit und Einschränkung der Berufung sehr erheblich abnehmen müssen; an die Stelle der großen Zahl der Strafurteile erster Instanz wird eine kleine Zahl von Schwurgerichtsurteilen treten und nur die Ziffer der Berufungsurteile in Strafsachen wegen erheblicher Ausdehnung der schöffengerichtlichen Zuständigkeit voraussichtlich höher werden.

Da aber nach dem neuen Plan an Stelle von 3 oder 5 Richtern künftig nur einer und bei Berufungen in Zivilsachen zwei nötig werden, so ist wohl anzunehmen, daß die eigentlich urteilende Tätigkeit nach kontradiktorischer Verhandlung von den bisherigen 669 Präsidenten und Direktoren unter Zurechnung einer der Zahl der Vorsitzenden von Kammern für Handelssachen gleichen Ziffer von 156, im ganzen also von 825 Richtern an Landgerichten d. i. durchschnittlich 4,8 Richtern an jedem der 173 Landgerichte bewältigt werden kann. Ein Zuschlag von durchschnittlich einem Richter pro Landgericht mit Rücksicht auf Versäumnisurteile und andere Geschäfte erhöht die Zahl auf rund 1000 gegen jetzt 2899. Würde man noch durchschnittlich zwei weitere Richter auf das Landgericht hinzufügen, wäre doch erst die Ziffer von 1346, also nicht die Hälfte der jetzigen Richter erreicht.

An den 28 Oberlandesgerichten waren am 1. Januar 1905 126 Zivil- und 22 Strafsenate gebildet, zusammen 148, während 110 Präsidenten und Senatspräsidenten und 541 Räte vorhanden waren.

Die gegenwärtige Geschäftslast wird sich bei der geplanten Organisation namentlich in Zivilsachen infolge der weit geringeren Zahl landgerichtlicher Urteile sehr erheblich vermindern; ich sehe jedoch hiervon ab und berücksichtige nur, daß infolge der Herabsetzung der Besetzungsziffer von fünf auf drei etwa 260 Richter frei werden; es bleiben also (einschließlich der Präsidenten) 391.

Auch am Reichsgericht soll nur die Herabsetzung der Besetzungsziffer mit 2 Richtern für jeden der 11 Senate, d. h. eine Ersparnis von 22 Richtern, in Ansatz gebracht werden; wenngleich die vorgeschlagenen Mittel (Herabsetzung der Mindestzahl (S. 116), Einschränkung des mündlichen Verfahrens (S. 33) und die konsequente Ausbildung der Revision zu einem Rechtsmittel zum Schutz der Rechtseinheit voraussichtlich eine weit größere und dringend erwünschte Verminderung der Richterzahl bringen werden.

Die vorstehend berechneten Ersparnisse am Richterbedarf:

bei Landgerichten	1899
bei Oberlandesgerichten	260
beim Reichsgericht	22
	2181

werden zwar auf den ersten Blick gewaltig erscheinen; indessen ist die verbleibende Zahl (1000 + 391 + 70 = 1461), zu welcher wenigstens 1717 ($^1/_3$ der Amtsrichter) noch hinzuzuzählen sind, im Verhältnis zu Schottland (oben S. 67) und gar zu England (S. 61) noch immer sehr hoch. Insbesondere sind die Ziffern der Berufungs- und Revisionsrichter noch immer den englisch-schottischen außerordentüberlegen.

Die Unterlagen der Ziffern sind aber zu unsicher, um bei diesem Gegensatz noch länger zu verweilen. Überdies ist der Hauptzweck dieser Erörterungen erreicht: ein mit Ziffern erläuterter Nachweis der Durchführbarkeit weitgehender Richter-Ersparnis auf den Grundlagen der bestehenden deutschen Gerichtsverfassung.

Selbstverständlich urteile ich zu nüchtern, um auf eine baldige umfassende Verwirklichung der hier entwickelten Pläne zu hoffen. Deshalb würde auch jeder Angstruf wegen des Schicksals dieser 2000 überflüssig werdenden Richter völlig grundlos sein, ebenso die Sorge, daß die in der Vorbereitung begriffenen jungen Leute in Not geraten könnten.

Aus gleichem Grunde wäre es verfrüht, eingehender die Organisations-, Gehalts- und Anstellungsfragen zu erörtern. Nur zur Veranschaulichung meiner Vorstellungen mögen folgende Bemerkungen dienen:

Aus den oben S. 40 und 88 entwickelten Gründen würde ich den größten Wert darauf legen, daß

1. die Richter der Land- und Oberlandesgerichte in jedem Oberlandesgerichtsbezirk irgendwie kollegialisch verbunden wären, um durch fortgesetzte Berührung und gelegentliche Beratungen die Einheitlichkeit der Rechtsprechung zu fördern,

2. ihre Gehälter — abgesehen von den, übrigens nicht erheblich, höher anzusetzenden Gehältern der Oberlandesgerichtspräsidenten — gleichmäßig und in nicht zu weitem Abstand von den Reichsgerichtsräten festgelegt[1]) und

3. endlich nur bewährte ältere Juristen in diese Ämter berufen würden.

Diese Richter wären — soweit nicht Reichsgerichtsräte ernannt werden — zugleich die Vorsitzenden der Schwurgerichte und die ihnen zu gebende Stellung würde sie aus dem Beamtentum ebenso herausheben und absondern, als jetzt schon die Reichsgerichtsräte herausgehoben sind. Ob diese Richter demnächst in einem näher zu bestimmenden Prozentsatz auch aus hervorragenden amtsrichterlichen Kräften — vgl. Anl. I — und nur im übrigen aus noch amtierenden oder früheren Anwälten zu entnehmen wären, kann einstweilen dahingestellt bleiben. Zuvörderst würden natürlich die geeigneten Richter der Oberlandes- und Landgerichte in erster Linie zu berufen sein. Daß aber nach endgültiger Durchführung dieser Pläne die oberen

---

[1]) Die Reichsgerichtsräte beziehen zur Zeit — ohne Wohnungsgeldzuschufs — 12000 M., die Senatspräsidenten am Reichsgericht 14000 M. Den letzteren stehen die Oberlandesgerichtspräsidenten in Preufsen gleich. Feste Gehaltssätze erhalten in Preufsen ferner, und zwar 21000 M. die Oberpräsidenten, 18000 M. die Unterstaatssekretäre, 15000 M. die Ministerialdirektoren, 12000 M. die Senatspräsidenten des Oberverwaltungsgerichts und die Regierungspräsidenten, 11000 M. die Präsidenten der Eisenbahndirektionen, die Provinzialsteuerdirektoren und ein Landgerichtspräsident in Berlin, während die übrigen Landgerichtspräsidenten und die Senatspräsidenten der Oberlandesgerichte aufsteigende Gehälter von 7500—11000 M. beziehen

Ob Gehälter von 11000 M. und 12000 ausreichen, um aus dem Anwaltstande hervorragende Persönlichkeiten für die hohen Richterstellen am Reichsgericht, an Oberlandesgerichten und Landgerichten zu gewinnen, kann hier zurzeit noch unerörtert bleiben.

Richter weit überwiegend aus den Anwälten zu entnehmen wären, ergibt sich schon daraus, daß es eine Richterkarriere, abgesehen vom amtsrichterlichen Dienst, nicht mehr geben wird. Doch das sind spätere Sorgen!

Zunächst kann es sich nur um ein Doppeltes handeln; einmal um eine eindringende Prüfung der hier gegebenen Anregungen und ein sorgfältiges Studium der Verfassung der englisch-schottischen Gerichte und ihres Verfahrens in Zivil- und Strafsachen und zweitens um eine Erörterung der Frage, durch welche Maßregeln vor allem die jetzigen Übelstände: die Überlastung der Gerichte, das Hilfsrichterunwesen und die Notwendigkeit ständiger Stellenvermehrung beseitigt werden können.

Erst wenn dies erreicht ist, kann man mit Ruhe und Erfolg den großen Reformfragen, die viel mehr als bisher in ihren Tiefen erfaßt werden müssen, näher treten

Für den Leser dieser Aufsätze wird es besonderer Ausführungen über die zunächst zu ergreifenden provisorischen Maßregeln nicht mehr bedürfen. Es hängt von praktischen Erwägungen ab, mit welcher der erörterten und ohne weiteres möglichen Maßnahmen zur Verminderung des Richterbedarfs: Befreiung der Richter von Schreibwerk und untergeordneter Arbeit, Ersatz der kollegialen Zivilkammern durch Einzelrichter, Besetzung der landgerichtlichen Berufungsgerichte in Zivilsachen mit nur 2 Richtern, endlich Herabsetzung der Mindestziffer für die Senate der Oberlandesgerichte und des Reichsgerichts auf mindestens 3 bezw. 2 bei Beschwerden, man beginnen will. Aus den obigen Ziffern geht hervor, welche Ersparnisse man hierdurch erzielen kann. Vierhaus a. a. O. S. 53 und 73 hat bereits auf einen Teil dieser Maßregeln hingewiesen; ich hoffe durch meine Nachweisungen aus dem englisch-schottischen Rechte ihre Möglichkeit und Zulässigkeit noch heller in das Licht gerückt zu haben. Vielleicht ist es auch ohne große Widerstände alsbald erreichbar, die Bestimmungen über die Abfassung der Urteile (§ 284 Z.P.O.) im Sinne der Vereinfachung, namentlich durch Ausscheidung des obligatorischen Tatbestandes, zu ändern.

Vor allem kommt in Betracht, daß zwei der wichtigsten dieser Maßnahmen: die Erhöhung der amtsgerichtlichen Zuständigkeit bis auf 1000 Mk. oder 1500 Mk. bei konkurrierender Zuständigkeit der Landgerichte für Sachen über 300 Mk. und der Ersatz der Zivilkammern durch Einzelrichter sehr wohl zunächst in Beschränkung auf einen Teil der Amts- und Landgerichte durchgeführt werden kann. Und zwar bieten sich hierfür besonders die Amts- und Landgerichte der größeren Städte dar, in denen die jetzige starke Besetzung der Landgerichte den allerübelsten Einfluß auf den kollegialischen Zusammenhalt, die Einheitlichkeit der Rechtsprechung und die soziale Stellung des Richtertums hat: Gründe genug, um die Reichsgesetzgebung zu bestimmen, schon vor der allgemeinen Revision, vielleicht gleichzeitig mit der Reform des amtsgerichtlichen Verfahrens, die amtsgerichtliche Zuständigkeit in großen Städten höher festzulegen und an Landgerichten, deren Seelenzahl eine gewisse Höhe (etwa 300000) übersteigt oder welche ihren Sitz in Städten mit mehr als 100000 Einwohnern haben, die Zivilkammern durch Einzelrichter zu ersetzen. Die Herabsetzung der Senatsziffern bei Oberlandesgerichten und Reichsgericht könnte sich an diese Maßregel unbedenklich anschließen, da die Qualität der Richter der Oberlandesgerichte und des Reichsgerichts solche Garantien bietet, daß eine größere Besetzungsziffer unnötig erscheint.

Insbesondere bieten die Berliner Verhältnisse den dringendsten Anlaß, die oben angedeuteten, in Berlin außerordentlich stark wirkenden Übelstände durch geeignete gesetzliche Maßregeln zu bekämpfen. Nichts erschwert bei uns rechtzeitige Reformen so sehr als das unselige Schematisieren und der bureaukratische Gleichheitsfanatismus, dem zu Liebe das Landgericht I in Berlin mit 177 Richtern (1905) nach derselben Schablone organisiert werden muß als die Landgerichte in Guben, Prenzlau und Neuruppin mit 8 oder 9 Richtern. Es ist gewiß höchst erfreulich, daß zunächst die Reform des amtsgerichtlichen Prozesses für sich allein behandelt werden soll, wie das der Staatssekretär Dr. Nieberding noch am 18. Mai 1905 (Verh. Bd. VIII, 6006) wiederholt erklärt hat. Allein daß nun, nach derselben Erklärung, im Laufe der nächsten zehn Jahre — weil alle Kräfte durch die Reform des Strafprozesses und daran anschließend des Strafrechts in Anspruch genommen seien — an eine Reform der übrigen Teile, Zivilprozeßordnung und Gerichtsverfassung, nicht gedacht werden sollte, das wäre in der Tat eine harte Geduldsprobe. Hoffentlich ist dies indessen nicht dahin zu verstehen, daß auch alle Teilreformen, mögen sie noch so ausgereift und von der allgemeinen Überzeugung getragen sein, auf zehn Jahre vertagt sein sollen.

Jedenfalls ist auch in bezug auf die Frage, wie man dem Bedürfnis entsprechend wirksam mit Teilreformen vorgehen kann, England das klassische Land. In dieser Weise sind die großen Reformen von 1835, 1846, 1873 bis 1879, die Gneist a. a. O. S. 982, 1009flg. schildert, durchgeführt, und in gleichem Vorgehen hat man, wie oben S. 57. 58 dargelegt worden ist, im Jahre 1834 für London den Central Criminal Court, 1835 für die größeren Städte die Institute des Recorder und der Stipendiary Magistrates, durch welche Einzelrichter an Stelle von Friedensrichterkollegien gesetzt wurden, und 1846 die County Courts geschaffen. Warum kann man bei uns nicht in ähnlicher Weise vorgehen? Ist etwa aus zwingenden inneren Gründen eine gleiche Organisation aller Amts- und Landgerichte geboten? Ich kann dies nicht einsehen. So gut wie die Stadtverwaltungen von München, Dresden, Frankfurt a. M., Köln, Hannover und Altona und die Polizeiverwaltungen in großen und kleinen Städten und auf dem Lande und im Westen und Osten ohne Schaden auf wesentlich verschiedener Grundlage aufgebaut sein können, so gut können große Landgerichte im Interesse der Kollegialität und Stellung der Richter und im Interesse einheitlicher Rechtsprechung abweichend von kleinen Landgerichten so organisiert sein, daß eine geringere Zahl von Richtern bei ihnen gebraucht wird. Eine solche Unterscheidung ist insbesondere dann unbedenklich, wenn sie nur als eine vorübergehende gedacht und die Übertragung dieser neuen Organisation auf die kleineren Landgerichte im Fall ihrer Bewährung in Aussicht genommen ist.

Auch die großen preußischen *Verwaltungsreformen* der letzten 30 Jahre sind schrittweise, von Provinz zu Provinz fortschreitend, durchgeführt worden!

Um die Dringlichkeit eines Eingreifens bei den *größeren Städten* noch einmal scharf hervortreten zu lassen, stelle ich die Ziffern des Verbrauchs an *Richtern für streitige Sachen* für *Berlin* und *London* einander gegenüber.

In *London* mit 4500000 Einwohnern sind vorhanden:

an den Police Courts . .	26 Richter,	14 Chief-Clerks
an dem Central Criminal Court . . . . an den Quarter Sessions .	7 „	4 „
an den County Courts (inkl. City)	12 „	29 Registrars
ist zu rechnen ein Anteil an dem High Court of Judicature (also einschl. des Court of Appeal) mit etwa	4 „	
insgesamt	49 Richter,	

gegen *Berlin*, Bezirk des Landgerichts I mit 1888848 Gerichtseingesessenen und mit Richtern:

am Landgericht (36 Zivilkammern, 18 Kammern für Handelssachen, 13 Strafkammern) . . .	177
am Amtsgericht ($^1/_3$ der 163 Amtsrichter) . .	54
Anteil am Kammergericht, mindestens $^1/_3$ . .	33
also insgesamt	264!

In der Tat, eine dankbare organisatorische Aufgabe, hier Wandel zu schaffen! Eine der ersten Voraussetzungen des Gelingens wird allerdings sein, daß — wenn man die Zivilkammern in erster Instanz durch Einzelrichter ersetzen will — man zu letzteren nur durchaus bewährte, in Direktorstellung befindliche oder zu ihr befähigte Richter beruft. —

So fruchtbar sich indessen die hier entwickelten Gedanken auch für die unmittelbare Beseitigung der drückendsten Übelstände erweisen mögen, so liegt doch ihre Hauptbedeutung darin, daß sie für die bevorstehenden Umgestaltungen unserer Rechtspflege neue, bisher wenig oder gar nicht erörterte Gesichtspunkte zur Erörterung stellen.

Die Abänderungsvorschläge zur Strafprozeßordnung bilden bereits einen Gegenstand der Verhandlungen zwischen den Regierungen. Die Arbeiten der Strafprozeßkommission sind infolge derselben in einem der wichtigsten Punkte — der Frage der Schwurgerichte — bereits beiseite geschoben; in anderen sind sie von vielen Seiten angefochten. Alle hier behandelten, für die Strafrechtspflege so wichtigen psychologischen Fragen, die darin gipfeln, wie ein vom Vertrauen des Volkes getragenes Berufsrichtertum zu gewinnen und zu verwenden ist, sind durch das einfache Mittel einer Zuziehung von Laien nicht gelöst, sondern umgangen. Überhaupt sind englisch-schottische Rechtsgedanken in keiner Weise berücksichtigt. In erster Linie ist daher zu fordern, daß diese Versäumnis nachgeholt und das Material vervollständigt wird. Nachdem die bisherigen, durchaus unvollständigen Vorarbeiten so lange Zeit erfordert haben, wäre ein überstürzter, ohne eine allseitige Prüfung der neuen Gesichtspunkte erfolgender Abschluß überaus gefährlich. Denn es handelt sich um eine der wichtigsten Angelegenheiten unseres Rechtslebens: die Sicherung einer guten, vom Verständnis des Volkes getragenen Strafrechtspflege. Schmerzliche Erfahrungen haben gezeigt, daß die bisherigen grundlegenden Gedanken diese Sicherung nicht haben gewähren können. Die von der Kommission vorgeschlagenen Änderungen haften durchaus an dem Bestehenden und Hergebrachten; sie werden daher zu Erfolgen nicht führen. Nur ein energisches Vordringen zu den letzten Grundlagen aller Strafrechtspflege kann uns die Wege finden lehren, die zum Heile führen. Möge dieser Mahnruf in zwölfter Stunde nicht ungehört verhallen!

Anhang.

1.

Zur Reorganisation der Amtsgerichte.

Die völlige Gleichstellung der Land- und Amtsrichter in bezug auf Gehalt und Rang gilt als eine der wichtigsten Grundlagen der gegenwärtigen Organisation des richterlichen Dienstes.

Zahlreiche Anzeichen deuten indessen darauf hin, daß diese Gleichstellung in Wirklichkeit doch nicht durchgeführt ist. Die Verhandlungen des Preußischen Abgeordnetenhauses von 1904, welche dem Gesetzentwurf über die Dienstaufsicht bei den größeren Amtsgerichten eine so überaus energische Ablehnung bereiteten, werfen auch auf die Stellung der Amtsgerichte im allgemeinen kräftige Lichter. Nach dem Kommissionsbericht (Verh. von 1904/5 Anl. Bd. IV, S. 2132) wurde in der Kommission darauf hingewiesen, daß im Publikum vielfach — wenn auch ganz irriger Weise — die Meinung bestehe, daß der Landrichter der tüchtigere und höher bewertete Richter sei; auch wurde von einer Flucht vom Amtsgericht gesprochen, die schon jetzt einen bedauerlichen Umfang angenommen habe. Die Amtsrichter selbst scheinen also jener Gleichstellung auch nicht zu trauen.

In Wirklichkeit kann sie auch gar nicht durchgeführt werden. Nach der hierarchischen Gliederung unserer Beamtengerichte ist das Landgericht einmal das übergeordnete Gericht, und die Idee der höheren Stellung wird sich daher naturgemäß ebenso auf die einzelnen Richter übertragen, wie dies beim Oberlandesgerichtsrat gegenüber dem Landrichter der Fall ist. Für den Amtsrichter aber ist es eine naheliegende Erwägung, daß die höheren Stellen — vom Landgerichtsdirektor und Oberlandesgerichtsrat an — leichter vom Landrichter als vom Amtsrichter ab zu erlangen sind. Den 5153 Amtsrichtern steht nur eine Amtsgerichtspräsidentenstelle — in Berlin — gegenüber, die 2230 Landrichter aber haben 496 Stellen von Direktoren und 541 von Oberlandesgerichtsräten über sich. Und gerade die Stellen der Direktoren sind von 1883 bis 1905 von 334 auf 496, also um 162 d. i. 48% und die Stellen der Oberlandesgerichtsräte von 433 auf 541, also um 108 d. i. fast 25% vermehrt, während die Stellen der Landrichter um 33% und die der Amtsrichter um 21% zugenommen haben. Je schlechter nun die Aussichten geworden sind, eine Präsidentenstelle zu erlangen, da die Oberlandesgerichte bis 1905 gar nicht und die Landgerichte nur um zwei vermehrt sind, um so begehrenswerter sind jene Stellen der Direktoren und Oberlandesgerichtsräte. Und diese werden in der Tat wohl leichter vom Landrichter als vom Amtsrichter erlangt.

Der gegenwärtige Stand der amtsrichterlichen Stellung und Laufbahn kann daher vom Gesichtspunkt einer guten Beamtenkarriere aus kaum besonders günstig und anlockend erscheinen. Und man kann es wohl begreifen, daß die bisher einzigen Änderungsversuche, welche die preußische Regierung zuerst 1890 und dann 1904 durch Vorlage von Gesetzentwürfen über Veränderungen der Dienstaufsicht beantragte, keiner freundlichen Aufnahme begegneten, da sie sehr zahlreichen Richtern nur eine neue Kontrolle, aber keine Verbesserungen brachte.

Die Verhandlungen über den letztgenannten Gesetzentwurf scheinen von allen Seiten absichtlich so geführt zu sein, daß ein Eingehen auf das der amtsgerichtlichen Organisation zugrunde liegende Prinzip des Einzelrichters als zur Zuständigkeit des Reiches gehörig, man könnte sagen, ängstlich vermieden wurde. Die Folge war, daß man an der Oberfläche haftete und die gerade aus dem einzelrichterlichen System entspringenden Mängel nicht näher erörterte. Wohl erklärte der Abg. Cassel, (Verh. 8. 2. 1904 Bd. I, S. 807), daß die Beseitigung des früheren Kollegialsystems in den preußischen Kreisgerichten und Kreisgerichtsdeputationen im Jahre 1879 kein Vorteil gewesen sei, während andere das jetzige System als wohlbewährt bezeichnen, jedenfalls eine Änderung für ausgeschlossen halten: allein eine wirkliche Erörterung der Frage, welch' inneren Grund und Sinn es hat, an einem Gericht 10, 15, 30 und mehr Amtsrichter ohne innern, organisch gegliederten Zusammenhang wirken zu lassen, und die Dienstaufsicht über die oft gewaltige Zahl der bei dem einen Amtsgericht angestellten Bureau- und anderen Beamten einem dieser fast zusammenhangslos nebeneinander stehenden Richter zu übertragen, ohne ihm eine entsprechende äußere autoritäre Stellung zu geben — diese Erörterung fehlt vollständig.

Ob die guten und vortrefflichen Seiten des Einzelrichteramtes nicht verloren gehen, wenn nicht nur zwei oder drei, sondern die fünf- oder zehnfache Zahl von Richtern an einem Gericht vereinigt sind, und welche Organisationen bei einer solchen Zahl von Richtern notwendig werden, um das eine Gericht auch als ein einheitliches erscheinen und wirken zu lassen: das war die eigentliche Frage, nicht aber die fälschlich in den Vordergrund geschobene Frage, ob und welche neue Kontrollen gegenüber den einzelnen Richtern nötig seien.

Es ist hier nicht der Ort, auf diese Fragen näher einzugehen. Es schien mir aber nötig, darauf hinzuweisen, daß die gegenwärtige amtsgerichtliche Verfassung keineswegs ein noli me tangere ist, daß sie vielmehr in den großen Städten sich zur Zeit in einem durchaus problematischen, von den Richtern selbst als unbefriedigend empfundenen, und nach Auffassung der Regierung ungenügend geordneten Zustande befindet. Diesen Zustand muß man sich also vor Augen halten, wenn man die Fragen erörtert, wie dem amtsgerichtlichen Prozeß ein weiteres Feld und eine stärkere Autorität verschafft werden kann.

Daß eine Erhöhung der amtsgerichtlichen Zuständigkeit in Zivilsachen und zwar in beträchtlichem Umfang — bis 1000 oder 1500 Mk. — sowohl im Interesse der Rechtssuchenden liegt, welche vor allem eine schnelle und billige Justiz wünschen, als auch durch das Bedürfnis einer starken Entlastung der oberen Gerichte gefordert wird, habe ich oben S. 132flg. auszuführen versucht. Ich habe dabei auch darauf hingewiesen, daß diese Erhöhung unbedenklich sehr beträchtlich sein kann, wenn in der konkurrierenden Zuständigkeit der Landgerichte gewissermaßen ein Sicherheitsventil geschaffen wird.

Die Durchführbarkeit einer solchen beträchtlichen Erhöhung schien in den großen Städten ohne weiteres gegeben; denn es wird gewiß möglich sein, unter den zahlreichen Amtsrichtern der großen Amtsgerichte die erforderliche Zahl geschäftsgewandter und erfahrener Richter zu finden, die wie die englischen County Court Judges als Prozeßrichter auch eine große Geschäftslast zu bewältigen wissen werden, und ich habe daher vorgeschlagen, zunächst damit zu beginnen, daß diese beträchtliche Erhöhung der Zuständigkeit nur in den großen Städten durchgeführt wird.

Viel schwieriger ist die Sachlage bei den kleineren und den ganz kleinen Amtsgerichten. Denn während in den großen Städten sich schon jetzt Spezialisten für die einzelnen Geschäftszweige, insbesondere auch für die Prozeßpraxis ausgebildet haben oder doch ausbilden werden, fehlt eine solche Spezialisierung in den kleinen Gerichten. Und ein — im ganzen genommen — ausgezeichneter Amtsrichter in einem kleinen Ort, der seine Stellung als Vertrauensmann seines Bezirkes ganz ausfüllt, wird aller Voraussicht nach sehr oft nicht die genügende Übung in der Prozeßpraxis haben, um in größeren Zivilprozessen leicht und sicher zu entscheiden. Es ist daher durchaus sachgemäß, wenn ihm in bezug auf das Rechtssprechen keine größeren Zumutungen gestellt werden, als dies etwa bei der gegenwärtigen Zuständigkeit geschieht, welche ich S. 137 als eine „friedensrichterliche“ bezeichnen zu sollen geglaubt habe, ohne damit etwa die Bezeichnung „Friedensrichter“ für diese Richter der kleinen Orte vorschlagen oder empfehlen zu wollen.

Aus dieser Erwägung ist der Vorschlag (S. 135) herausgewachsen, die Amtsgerichte eines preußischen Kreises oder eines ähnlichen Bezirks irgendwie zusammenzufassen, und zwar mit der Maßgabe, daß nur ein Amtsgericht, regelmäßig das Amtsgericht der Kreisstadt, mit der beträchtlich erweiterten Zuständigkeit (300—1000 resp. 1500 Mk.) für den ganzen Kreis betraut wird. Es ist wohl anzunehmen, daß sich so viele zu Prozeßrichtern geeignete Amtsrichter finden werden, als Kreisorte vorhanden sind, und wenn man zugleich die Anbringung der Klage und die vorbereitenden Verhandlungen in den Gerichtsschreibereien der einzelnen kleinen Amtsgerichte — ähnlich wie bei den Registrars der County Courts — zuließe, so würde offenbar für das Publikum, dem übrigens in den Kreisstädten auch in genügendem Maße Anwälte zur Verfügung stehen würden, eine außerordentlich große Vereinfachung und Verbilligung gegeben sein.

Indem man ferner, wie oben S. 137 vorgeschlagen, auch in Strafsachen dieses Amtsgericht (Schöffengericht) der Kreisstadt mit wesentlich erweiterter Zuständigkeit ausstattete, hätte man ohne organisatorische Schwierigkeit oder Kosten eine sehr umfassende amtsgerichtliche Zuständigkeit zu wesentlicher Erleichterung der Beteiligten (Parteien, Schöffen, Zeugen, Angeklagten) und großer Entlastung der Landgerichte geschaffen — eine umfassende summary jurisdiction im englisch-schottischen Sinne. Ich gebrauche absichtlich diesen fremden Ausdruck, weil er am treffendsten dasjenige bezeichnet, was das Charakteristische auch des amts- und schöffengerichtlichen Verfahrens sein sollte im Gegensatz zum landgerichtlichen und schwurgerichtlichen: dort für einfachere Sachen ein schneller, einfacher und billiger Prozeß — hier für verwickelte Vermögensstreitsachen und schwere Straffälle alle Garantien eingehender und umfassender Prüfung.

Daß bei dieser Organisation die Stellung eines

Amtsrichters der Kreisstadt, vielleicht auch mehrerer, aus dem Rahmen der übrigen sich herausheben würde, sehe ich nicht als Nachteil, sondern als einen erheblichen Vorteil an. Denn zurzeit lastet es m. E. auf den Amtsrichtern, daß ihnen die höheren Stellen nur in geringem Umfange zur Beförderung offen stehen.

Und damit komme ich auf einen der für die Reorganisation der Amtsgerichte wesentlichsten Punkte: auf das Bedürfnis und die Notwendigkeit einer Schaffung höherer Direktoren- und Präsidentenstellen innerhalb der amtsrichterlichen Laufbahn.

Wenn man tüchtige Zivilprozeßrichter und Schöffengerichtsvorsitzende gewinnen und dauernd halten will, muß man ihre Stellungen finanziell und organisatorisch herausheben, in den ländlichen Kreisstädten wie bei den großstädtischen Amtsgerichten. Ohne eine solche Maßregel würde jede Erhöhung der Zuständigkeit bedenklich, ja unmöglich sein. So lange nicht mit der jetzigen Praxis der Verwendung junger Amtsrichter oder gar Assessoren zu diesen nur zu häufig unterschätzten, viel Erfahrung und Geschick in Menschenbehandlung erfordernden Stellen durchaus gebrochen wird, muß jeder Versuch der Schaffung einer autoritativen ersten Instanz völlig aussichtslos bleiben.

Zu einer solchen Differenzierung der amtsgerichtlichen Stellen drängt aber auch noch ein anderes: die Unmöglichkeit, in den großen Städten auf die Dauer die administrativ-richterlichen Geschäfte in bisheriger Weise nach dem einzelrichterlichen System zu erledigen. Der Gedanke, daß die Grundbuch- oder Vormundschaftsbehörde einer Stadt nicht einheitlich geleitet, sondern von einer Anzahl selbstherrlich nebeneinanderstehender Einzelrichter nach Maßgabe verschiedener juristischer Auffassungen auseinander regiert wird, ist an sich eine solche Ungeheuerlichkeit, daß er nur verständlich wird, wenn man ihn als nicht vorausgesehene Konsequenz einer unter ganz anderen Verhältnissen geschaffenen Organisation begreift. Aber daß man diese Zustände, dieses „Diadochenregiment" duldet, ist wieder ein Beweis deutscher Geduld. Es kommt hinzu, daß die obervormundschaftliche Tätigkeit des Amtsgerichts in bezug auf unvermögende Kinder an sich die größten Schwierigkeiten bietet. Die Verschwendung kostbarer ehrenamtlicher Arbeitskraft, welche zurzeit auf vormundschaftlichem Gebiete getrieben wird, ist außerordentlich groß. Außer dem Vormund, dessen Haupttätigkeit bei armen Kindern fast nur darin besteht, daß er von Zeit zu Zeit auf das Gericht geladen wird, um irgend eine Auskunft zu erteilen, soll sich auch der Waisenrat mit dem armen Kinde beschäftigen, und wenn es aus öffentlichen Mitteln unterhalten wird, auch der Armenpfleger und das über diesem stehende städtische Armenamt. Man glaubt nicht, welche Fülle vergeblicher Arbeit von diesen ehrenamtlich wirkenden Männern getan wird. Alle mit anerkennenswertem Eifer und gutem Willen angestellten Versuche, diese nicht organisch verbundenen Kräfte zu einheitlichem Wirken zu bringen, werden naturgemäß immer nur zeitweilig, unter dem Einfluß einzelner besonders geeigneter Persönlichkeiten zu Erfolgen führen können. Eine gute Verwaltungsorganisation soll aber damit rechnen, daß regelmäßig solche Kräfte nicht zur Verfügung stehen. Eine Besserung kann nur erreicht werden, wenn die ehrenamtlichen Kräfte, soweit das von ihnen Verlangte über das Maß ehrenamtlicher Tätigkeit hinausgeht, durch besoldete Beamte ersetzt werden, wie dies ja in den großen Städten in zunehmendem Umfang geschieht, und im übrigen die Leitung der gesamten Arbeit in eine Hand gelegt wird. Diese besoldeten Kräfte stellt aber nicht der Staat, sondern aus freiwilliger Liebestat die Gemeinde, deren Organe durch das Amtsgericht naturgemäß nicht wesentlich gefördert werden können. Es wäre daher wohl zu erwägen, ob die richterliche Vormundschaft über Unvermögende nicht den Gemeinden, wenigstens den größeren Städten zu überweisen wäre.

Allein auch abgesehen hiervon sind jedenfalls einheitliche Vormundschaftsbehörden, ebenso wie einheitliche Grundbuchämter für jede Gemeinde zu schaffen. Und daraus ergibt sich von selbst als Organisationsprinzip für große Amtsgerichte: die Bestellung je eines Vormundschafts- und Grundbuchrichters mit den erforderlichen, seiner Leitung unterstellten juristischen Kräften und Gerichtsschreibern, außerdem nach Bedürfnis selbstständige Zivilprozeß- und Konkursrichter, sowie Schöffengerichtsvorsitzende, welche gleichfalls durch juristische Kräfte und Bureaubeamte von allen nichtrichterlichen Geschäften zu entlasten wären.

Ob es dabei in den großen Städten zweckmäßiger ist, Grundbuchämter und Vormundschaftsbehörden, vielleicht auch die Prozeßgerichte für sich selbständig zu organisieren oder auch sie dem kollegial zu organisierenden Amtsgericht einzuordnen, muß hier unerörtert bleiben; ebenso die Frage, wie viele Präsidenten- und Direktorenstellen in den einzelnen Oberlandesgerichtsbezirken zu schaffen wären. Denn es kann sich zunächst nur um die Erörterung grundsätzlicher, für die ganze Organisation präjudizieller Fragen handeln.

Präjudiziell ist vor allem die Frage, inwieweit die amtsrichterliche Tätigkeit von Schreibwerk und untergeordneter Arbeit entlastet werden kann. Diese Frage müßte aber weit energischer als bisher angefaßt, vor allem müßte ermittelt werden, ob die außerordentliche Leistungsfähigkeit des englischen Grafschafts- und Polizeirichters auf speziell englischen Verhältnissen beruht, die nicht übertragbar sind, oder aber ob sie nur das Ergebnis zweckmäßiger Einrichtungen und Vorschriften ist, die auch bei uns durchgeführt werden können, wenn nur der ernste Wille zur Überwindung veralteter Gewöhnungen vorhanden ist. Insbesondere müßte geprüft werden, ob in der Tat (vgl. oben S. 119) unser Aktenwesen sich noch aus dem angeblich überwundenen schriftlichen Verfahren in das heutige hinübergerettet hat und wie es dem Geist des heutigen mündlichen Verfahrens angepaßt werden kann. Ferner wäre zu ergründen, worauf die große Zahl der vor dem Urteil und ohne Urteil erledigten Prozesse bei den Grafschaftsgerichten (oben S. 84) beruht, und ob wir nicht in der Lage sind, durch entsprechende Ordnung des Verfahrens und Kostenwesens auf diese Art der Erledigung hinzuwirken. Endlich wäre der englische summarische Strafprozeß sorgsam zu studieren, um zu begreifen, wie die 26 Richter der Londoner Police Courts die ganze summarische Jurisdiktion in dem weiten englischen Sinn und Umfang (oben S. 55. 71) in der Millionenstadt erledigen können, so daß auf etwa 170000 Einwohner nur ein Polizeirichter kommt, dessen Urteile fast nie angefochten werden. —

Ähnliche Fragen sind auf den anderen Gebieten amtsrichterlicher Tätigkeit zu stellen.

Wenn es infolge solcher Untersuchungen gelänge, die Zahl der Amtsrichter um 500 oder 1000 zu vermindern, so würde das für ihre Stellung und ihre Qualität von außerordentlicher Bedeutung sein. Zugleich würde die Zahl der mehrgliedrigen Amtsgerichte dadurch wirksam verringert werden.

Ein Hauptziel dieser Ausführungen wäre zunächst erreicht, wenn eine eingehende Prüfung aller dieser Fragen veranlaßt würde.

Gleichzeitig hoffe ich aber auch gezeigt zu haben, daß der hier gemachte Vorschlag einer Ausscheidung der landgerichtlichen und oberlandesgerichtlichen Stellen aus der Beamtenkarriere für die Amtsrichter — deren beamtenmäßige Organisation schon durch die Notwendigkeit einer geeigneten Besetzung der zahlreichen kleinen Amtsgerichte geboten ist — keineswegs Nachteil, vielmehr eine erhebliche Verbesserung ihrer Laufbahn bringt, da die Amtsgerichts-Direktoren- und Präsidentenstellen ja lediglich aus ihrer Mitte zu besetzen sein würden.

Freilich spielt in die Schaffung dieser Stellen auch die finanzielle Seite bedeutsam hinein. Allein sie liegt außerordentlich günstig.

Es ist durchaus begreiflich, daß die Finanzminister der einzelnen Staaten der fortgesetzten Vermehrung der Richterstellen recht mißtrauisch und wenig freundlich gegenüberstehen, wenn sie auch nicht in der Lage sind, während des Bestehens der jetzigen gesetzlichen Bestimmungen den

Anforderungen der Justizverwaltungen erfolgreichen Widerstand zu leisten. Ganz anders aber wäre die Stellung der letzteren, wenn sie ihre Anträge auf Schaffung einer größeren Zahl von Amtsgerichts-Direktoren- und -Präsidentenstellen gleichzeitig mit dem Nachweis großer Ersparnisse an richterlichen Arbeitskräften infolge der hier vorgeschlagenen Reformen vorlegen könnten. Die Finanzminister würden vermutlich gern geneigt sein, einer solchen Reorganisation zuzustimmen, auch wenn sie eine Anzahl besser dotierter Stellen brächte, da sie ja die Zahl der geringer dotierten in wesentlich höherem Verhältnis verringert und die Leistungsfähigkeit und Elastizität des einzelnen Amtsrichters so steigert, daß das bisherige Maß der Richtervermehrung eine erhebliche Abschwächung erführe. Dabei braucht kaum bemerkt zu werden, daß diese Reorganisation der Amtsgerichte auch für sich allein möglich und durchführbar ist. Und die dadurch gegebene Befreiung der Landgerichts- und Oberlandesgerichts-Präsidenten von der Aufsicht über die Amtsgerichte wäre zugleich ein wichtiger Schritt nach dem hohen Ziele hin: die oberen Gerichte und die hervorragendsten Richter für ihre höchste Aufgabe, die Rechtssprechung frei zu machen.

Die Gesamtheit des amtsrichterlichen Personals würde infolge der hier empfohlenen Reorganisation ein der Beamtenschaft der allgemeinen Verwaltung durchaus vergleichbarer, in sich geschlossener Beamtenkörper, wenn auch gewisse Verschiedenheiten mancherlei Abweichungen bedingen mögen.

Anderseits würde das — in Gemäßheit der Ausführungen auf S. 143/144 — in erheblichem Umfange zu verringernde Personal der Land- und Oberlandesgerichte ebenso wie das des Reichsgerichts ganz aus der Beamtenhierarchie und allen Parallelen mit derselben ausgeschieden werden, um lediglich nach den Grundsätzen behandelt und geregelt zu werden, welche sich aus der Stellung hoher Gerichtshöfe und der Notwendigkeit ihrer Besetzung mit durchaus erfahrenen und bewährten Männern des allgemeinen Vertrauens ergeben.

2.
Geschäfte des Kassationshofes in Paris in Zivilsachen.

(Anlage des Reichstags-Kommissionsberichtes von 1905; oben S. 21.)

Für ganz Frankreich besteht ein Kassationshof mit drei Kammern: chambre des requêtes, chambre civile, chambre criminelle. Jede Kammer hat einen Präsidenten und 15 Räte und ist beschlußfähig bei Anwesenheit von 11 Mitgliedern. An der Spitze des Gerichtshofes steht ein erster Präsident.

In Zivil- und Handelssachen unterliegt das Rechtsmittel der Kassation (pourvois en cassation) einer doppelten Prüfung. Sie gehen zunächst an die chambre des requêtes Diese entscheidet nach Prüfung der Sache, aber ohne mündliche Verhandlung, ob die Rechtsmittel zulässig (admissibles) sind oder nicht. Nur die zugelassenen Rechtsmittel gelangen an die chambre civile, wo über sie nach einem einleitenden Bericht eines Mitgliedes des Gerichts auf Grund mündlicher Verhandlung endgültig entschieden wird.[1])

Unmittelbar an die chambre civile gehen:

1. die Rekurse (pourvois) gegen die Entscheidungen der Friedensrichter über die Frage der Berechtigung

---

[1]) Da die mehr untergeordnete Stellung der Chambre des requêtes gegenüber der Hauptkammer weder den Wünschen der Richter entspricht, noch auch — nach verbreiteter Auffassung — dem Interesse der Rechtsprechung dient, ist neuerdings die Aufhebung dieser Vorkammer und ihre Ersetzung durch eine Hauptkammer in der Deputiertenkammer beantragt. Vgl. Staatssekretär Nieberding, 18. Mai 1905. Reichst.-Verhandl. Bd. VIII. S. 6006.

Jahr	Zahl der bei der chambre des requètes eingegangenen pourvois	Zahl der von der chambre des requètes zugelassenen pourvois	Zahl der von der chambre civile erlassenen arrêts	Zahl der arrêts der chambres réunies	Bemerkungen
1890	601	245	265	5	*) Unter den 596 arrêts der chambre civile befanden sich 358 arrêts de jonction.
1891	631	310	283	3	
1892	609	213	596*)	2	
1893	635	199	316	3	
1894	640	242	245	4	
1895	657	274	270	4	
1896	671	248	256	6	
1897	651	295	286	7	
1898	709	298	272	4	
1899	663	266	237	5	
1900	779	232	254	8	
1901	775	307	307	13	

zur politischen Wahl gemäß den Gesetzen vom 30. November 1875 und 26. Januar 1877. Diese Rekurse (affaires électorales), deren Zahl außerordentlich schwankt, sind in der nachstehenden Aufstellung nicht berücksichtigt;

2. die Rekurse in Enteignungssachen, les pourvois en matière d'expropriation pour cause d' utilité publique (Gesetz vom 3. Mai 1841). Diese Rekurse sind in der Aufstellung mitgezählt.

Die chambres réunies bilden den Disziplinargerichtshof für die Beamten (Magistrats) des Kassationshofes, der Appellhöfe und der übrigen Gerichte.

Im Durchschnitt der 12 Jahre von 1890 bis 1901 entfielen auf einen Rat

a) in der chambre des requêtes . . . 44 pourvois,

b) in der chambre civile . . . . . 19 arrêts,
und wenn man von dem Jahre 1892 absieht, in welches die ungewöhnlich große Zahl von 358 arrêts de jonction fällt, nur . . . . 17 arrêts.

3.
Die schottische Staatsanwaltschaft.[1])

Zu den wechselnden englischen Parteiministerien gehören bekanntlich auch die sog. Great Law Officiers of the Crown: für England der Attorney General mit einem Gehalt von £ 7000 und Gebühren (1900/01 £ 5917) und der Solicitor General mit einem Gehalt von £ 6000 und Gebühren (1900/01 £ 3341) und für Schottland der Lord Advocate mit £ 5000 und der Solicitor-General mit £ 2000 Gehalt.

Das Kabinett tritt durch diese Law Officiers „in Verbindung mit den großen Genossenschaften der Advokatur, aus welcher sich die Minister zwei der hervorragendsten Mitglieder (welche sich zu ihrem Parteiprogramm bekennen) adjungieren.“ Sie sind die Rechtskonsulenten des Ministeriums und haben außerdem insbesondere die Strafverfolgungen im Namen der Krone zu leiten. In dieser Beziehung ist aber ihre Stellung in England und Schottland durchaus verschieden.

Während in England durch die Prosecution of Offences Act 1879 nur eine ergänzende Staatsanwaltschaft in bescheidenen Grenzen eingeführt ist und die althergebrachte Strafverfolgung durch Private, Vereine, Gemeinde- und Polizeibeamte u. a. m. die Regel bildet,[2]) herrscht in

---

[1]) Vgl. Green's Encyclopaedia. s. v. Advocate depute, Criminal prosecution, Justiciary (High Court of), Lord Advocate, Procurator-fiscal u. a.

[2]) Gneist a. a. O. II. S. 780—785, 989—991. Bei den Verfolgungen steht der Altorney General oder sein Vertreter — vorbehaltlich einiger besonderen Ehrenrechte — nicht anders als ein ge-

Schottland seit langem das System der öffentlichen Verfolgung. Die Summary Jurisdiction (Scotland) Acts von 1864 und 1881 und die Criminal Procedure (Scotland) Act von 1887 haben neuerdings das ganze Verfahren kodifikatorisch geregelt.

Der Lord Advocate hat unbeschränkte Gewalt in Entscheidung der Frage, ob öffentliche Anklage erhoben werden soll. Wenn er sie verneint, kann nur mit seiner Mitwirkung (concourse) Privatklage erhoben werden. Doch pflegt dieser concourse nicht versagt zu werden.

Unter dem Lord Advocate stehen der Solicitor-General und 4 Advocates Depute, sowie der Leiter des Bureaus für die Strafverfolgungen, des sog. Crown office: der Crown Agent mit £ 1300 Gehalt — die ersteren Advokaten, der letztere ein Solicitor, alle in Edinburg wohnend und mit dem Lord Advocate wechselnd.

In den Sheriff Court Districts wird der Lord Advocate durch Procurators-fiscal vertreten, im ganzen 51. Sie stehen nach der neuen Entwicklung zugleich unter dem Sheriff und dem Lord Advocate — eine Einrichtung, welche in der Praxis nach Green's Encyclopaedia Bd. 10, S. 55 bewunderungswürdig arbeiten soll, so viele Einwendungen man auch theoretisch gegen die doppelte Spitze erheben mag.

Der Procurator-fiscal ist gewöhnlich, aber nicht notwendig, ein eingetragener Law Agent. Er wird vom Sheriff ernannt mit Genehmigung des Secretary for Scotland und kann nur von letzterem wegen Unfähigkeit oder schlechten Betragens (misbehaviour) auf Bericht des Lord President of the Court of Session und des Lord Justice Clerk entlassen werden. Er muß in seinem Bezirk wohnen,

---

wöhnlicher Counsel for the prosecution d. h. als Partei. Die Criminal Statistics für 1908, S. 79 verzeichnen 450 public prosecutions (gegen 595 Persons prosecuted), darunter wegen Mord 126, Totschlag 16, Münzvergehen 60, Übertretung der Labour Laws 17. Von den 595 Verfolgten wurden 49 summarisch und 375 nach Hauptverhandlung (trial) verurteilt.

den er nur mit Genehmigung des Sheriff unter Anzeige an den Crown Agent für mehr als 3 Tage verlassen darf.

Der Procurator-fiscal ernennt mit Zustimmung des Sheriff und des Lord Advocate einen Vertreter (Depute) gewöhnlich für ein Jahr, für den er verantwortlich ist.

Bei plötzlicher Verhinderung beider ernennt der Sheriff einen Interim Procurator-fiscal.

Die Gehälter der Procurators-fiscal werden aus der Staatskasse bezahlt und sind sehr verschieden nach der Größe ihres Distrikts. Gegenüber £ 80 in Nairn, £ 130 in Peebles, £ 255 in Fort William, £ 300 in Orkney, £ 350 in Portree, £ 400 in Rothesay, £ 570 in Inverness, £ 600 in Linlithgow u. a. steigen die Gehälter auf £ 920 in Aberdeen, £ 1035 in Dundee, und auf £ 1100 (und £ 1920 für Clerks and expenses) in Glasgow, während die Sheriffs z. B. in Aberdeen £ 1000, in Inverness £ 800, in Orkney £ 775 und in Glasgow £ 2000 erhalten.

Als Leitfaden für die Erledigung der Obliegenheiten des Procurator-fiscal hat das Crown Office 1896 Regulations to be observed in Criminal and other Investigations herausgegeben.

Der Procurator-fiscal hat in bezug auf plötzliche oder verdächtige Todesfälle die Pflichten des englischen Coroner, ferner eine Reihe besonderer Rechte und Pflichten in bezug auf Feuer, Explosionen, gefahrdrohende Bauten, gefährliche Hunde, Jrre u. a. m. Über die Vorgänge in seinem Amt hat er zu bestimmten Terminen dem Sheriff und Crown Agent zu berichten.

Der Dienste der Polizei mag er sich nach Belieben bedienen. Beim Eingang polizeilicher Anzeigen hat er das Erforderliche einzuleiten und seinerseits die Untersuchung zu führen. Eine von der Polizei wegen eines Vergehens oder Verbrechens festgenommene Person ist von ihm sofort dem Sheriff bzw. dem Sheriff-Depute vorzuführen, damit sie dort — wenn sie will — eine Erklärung über die Beschuldigung geben kann: sie kann aber vorher einen Law Agent befragen. Der Sheriff schickt sie dann geeignetenfalls ins Gefängnis for further examination; dann erfolgt nähere Untersuchung durch den Procurator-fiscal und neue Vorführung, und wenn dem Sheriff dann ein primâ facie case vorzuliegen scheint, erfolgt die weitere Verhaftung until liberated in due course of law (bis zur Freilassung in Gemäßheit gesetzlichen Verfahrens).

Der Procurator-fiscal hat sofort Anzeige beim Crown Agent zn machen, welcher den Fall einem der Advocates Depute vorlegt, damit dieser bestimmt, was geschehen soll: ob Freilassung, Überweisung zu summarischer Verhandlung vor dem Sheriff, oder Verweisung zur Verhandlung mit Jury vor dem Sheriff oder dem High Court of Justiciary. Der Advocate Depute nimmt die Stelle der englischen Grand Jury ein.

Wer sich schuldig bekennt (pleads guilty) kann sofortige Verurteilung verlangen; nach 60 Tagen kann der Verhaftete Klageerhebung oder Freilassung bei dem High Court beantragen, der sofortige Klage in bestimmter Frist anordnen oder Fristverlängerung gewähren kann. Regel ist, daß jeder Verhaftete binnen 110 Tagen zur Hauptverhandlung gebracht werden muß.

Im Fall der Verhandlung vor Sheriff und Jury erhebt, formuliert und vertritt der procurator-fiscal die Anklage (indictment) im Namen des Lord Advocate; letzterem selbst oder einem Advocate depute liegt das gleiche bei Verhandlung vor dem Court of Justiciary ob. In letzterem Fall sitzt regelmäßig einer der Richter, in sehr schwierigen Fällen können auch mehrere Richter mit der Jury sitzen.

Der Angeschuldigte wird zunächst (first diet) dem Richter allein vorgeführt, um — wenn geständig — verurteilt zu werden und andernfalls etwaige Zeugen für den Verhandlungstermin zu benennen und Beweise, etwa für ein alibi, anzutreten. Andere Zeugen oder Beweise müssen regelmäßig drei Tage vor dem Termin dem prosecutor mitgeteilt werden.

Bei der Verhandlung wird der Jury gleich nach Vereidigung und vor Beginn der Verhandlung die Natur der Beschuldigung erläutert, wie dies auch bei uns von verschiedenen Seiten zur Verbesserung des Schwurgerichtsverfahrens verlangt ist; in schwierigen Fällen erhält die Jury eine Kopie der Anklage.

Der public prosecutor hat ebenso wie der Beschuldigte die Stellung einer der Parteien und hat nach festen Regeln Beweise vorzulegen und zu plädieren.

Der Richter faßt zum Schluß die Verhandlung zusammen (sums up) und die Jury gibt ihr Verdikt — wobei Stimmenmehrheit genügt — und zwar regelmäßig auf: „schuldig" oder „nicht bewiesen" oder „nicht schuldig".

Der kurze Überblick zeigt, daß die schottische Staatsanwaltschaft trotz der großen Stellung ihrer Spitze, des Lord Advocate, und der Zentralisierung der ganzen Verfolgung in dessen Crown Office, durchaus dem Beschuldigten gegenüber als Partei gilt und aufzutreten hat. Der Richter steht, anhörend und richtend, über beiden Parteien. Insbesondere ist die Stellung des Sheriff gegenüber dem procurator-fiscal eine übergeordnete.

In bezug auf Erhebung von Anklagen ist der Lord Advocate — obwohl Mitglied wechselnder Parteiverwaltungen — völlig unabhängig und keiner richterlichen Auflage unterworfen. Ob die Gneist'schen Besorgnisse wegen eines parteimäßigen Mißbrauches (a. a. O. II, S. 783, 784) in Schottland schon zu Erörterungen geführt haben, ist mir nicht bekannt geworden.

Im ganzen genommen wird man trotz der sehr eigenartigen Gestaltung der Beamtenverhältnisse und der Konzentration der gesamten Strafverfolgung wegen der schweren Straffälle im Crown Office in Edinburg für die Fragen einer konsequenten Durchführung des Anklageprozesses, einer verständigen Handhabung des Anklagemonopols der Staatsanwaltschaft und einer schnellen Erledigung der Prozesse aus den schottischen Verhältnissen manches lernen können.

Für Polizeigerichte (Burgh Courts) sind besondere burgh prosecutors — Amtsanwälte — bestellt. Sie können law agents sein, sind aber oft höhere Polizeibeamte. Sie werden aus Gemeindemitteln bezahlt.

Druck von A. W. Hayn's Erben, Berlin und Potsdam.

FSC
www.fsc.org
MIX
Papier | Fördert gute Waldnutzung
FSC® C083411

Kolibri 360 GmbH
Ferdinand-Jühlke-Straße 7
99095 Erfurt, Deutschland
produktsicherheit@kolibri360.de